実務の技法シリーズ **9**

裁判書類作成・尋問技術のチェックポイント

著

髙中正彦

加戸茂樹

市川　充

岸本史子

安藤知史

吉川　愛

寺内康介

弘文堂

シリーズ刊行にあたって

　ひと昔は、新人・若手弁護士は、先輩弁護士による OJT によって実務を学び、成長していったものであるが、現在は残念なことに、先輩弁護士から十分な実務の指導を受ける機会を得られない弁護士や指導が短期間に終わってしまう弁護士も、かなりの数に上っているようである。そのような OJT に対する強い要望が背景にあるのであろう、弁護士実務のノウハウや留意点を叙述した新人・若手弁護士向けの実務書が実に多数刊行されている。しかし、それらを見ると、若干高度すぎる内容となっているもの、真に先輩弁護士に相談したい事柄を網羅していないもの、先輩の経験談を披露したにとどまるものなどが混在しているように思われる。

　このような状況の中、私たちは、実務を適切に処理するにあたって体得しておくべき技法を、一覧性のあるチェックポイントと簡潔かつ明快な基礎知識とともに叙述する書籍が必要とされているのではないかと考えるに至った。執筆陣には、新人・若手弁護士に接する機会が多い中堅弁護士を核とし、さらにはこれに気鋭の若手弁護士にも加わってもらった。「実務の技法シリーズ」と銘打ったこの出版企画は、弁護士が実務において直面するであろう具体的な場面を想定し、これを紛争類型ごとに分けたシリーズとなっている。本シリーズは全巻を通して、新人弁護士ノボルが身近な先輩弁護士である「兄弁」「姉弁」に対して素朴な疑問を投げかけ、先輩がこれに対して実務上のチェックポイントを指摘しながら回答していく対話から始まる。その後にチェックポイントをリスト化して掲げることを原則とし、その解説を簡潔に行うという構成となっている。このチェックリストだけを拾い読みしても、有益なヒントを得ることができるものとなっている。さらに、当該事件を処理する上での必携・必読の文献をまとめたブックガ

イドを本編に先立って設けているが、これは類書にはほとんど見られない本シリーズの大きな特色であろうと自負している。また、随所にコラム欄も置き、実務上知っておきたい豆知識や失敗しないための経験知を気楽に身につけることができるようにも工夫した。

　本シリーズは、各法律・紛争分野ごとの巻のほか、これに総論的テーマを扱う巻を加えて順次刊行していく予定である。読者の皆様には、ぜひ全巻を机上に揃え、未経験・未知の案件が舞い込んだときにも、該当する巻をすぐ手にとり、チェックポイントを確認して必要部分の解説を通読していただき、誤りのない事件処理をする一助としていただきたいと念願している。また、ベテランの弁護士の方々にも、未経験の事件のほか、自らの法律知識や実務経験の再チェックをするために本シリーズを活用していただけるならば、望外の幸せである。私たちも、実務家にとってそのように身近で有用なシリーズとなるよう、最大限の努力と工夫を続けるつもりである。絶大なご支援を心からお願いする次第である。

　　2019 年 1 月

髙中正彦

市川　充

はしがき

　新人・若手弁護士を主たる読者層に据えた「実務の技法」シリーズは、これまでに8つの代表的事件類型について『○○のチェックポイント』と題した書籍を刊行してきた。ある若手弁護士からは、全巻を揃えて実務の参考にしているとの話を伺い、それらの編者を務めた私たちも感激した次第である。しかるに、本書は、これまでのような事件類型をベースにしたものとは趣を異にし、すべての事件類型に共通する裁判書類の作成と尋問技術に関して実務上の留意点を叙述したいわゆる総論的な書物としている。

　裁判書類の作成に関しては要件事実の記載方法等を中心とした優れた実務書が数多く出版され、尋問技術に関しても同じように実務経験に根ざした優れた実務書が相当数出版されている。そのような中で私たちが本書の出版を企画したのは、訴状に要件事実以外の間接事実をどこまで記載するのがよいのか、三行半の答弁書でよいのか、準備書面にアンダーラインを引いたりすべきか、読みやすい準備書面にするためにはどうしたらよいか、証拠説明書の立証趣旨はどこまで記載したらよいのか、うまい反対尋問ができるためにはどう準備すればよいか、等の初歩的かつ形式的な事項についての解説をした実務書がほとんど見受けられないことに気がついたからである。おそらく、そのような法律解釈や実務運用とは無縁の初歩的かつ形式的な事項を書籍化するのは相応しくないとの意識があったのではないかと思うが、しかし、私たちは、そのような意識と決別し、新人・若手弁護士がまずどうしたらよいかを悩む初歩的かつ形式的事項を叙述することには十分な価値があると考えたのである。

　そして、本書では、裁判官経験を積んだ弁護士に参加してもらい、「裁判官はこう見る」として、各種の書面の記載や尋問内容をどう見

ているかを随所で率直に語ってもらうことにしたことが最大のセールスポイントである。裁判文書や尋問の最終宛先が裁判官であり、いずれもいかにして裁判官を説得するかという目的のもとに収斂する。効果的な訴訟活動をするためには、当然のことながら、裁判官がどのような視点に立って書面や尋問に臨んでいるかを知らなければならないはずである。弁護士経験しかない私たちの議論に裁判官経験を積んだ弁護士が参画することで、本書は類例を見ない斬新な実務入門書になったものと自負している。

　本書の執筆過程について若干触れておくと、まず、弁護士である髙中・加戸・市川・岸本・安藤・吉川の6名が担当の箇所を執筆したうえでディスカッションを重ねて一応の原稿を完成し、その時点で約10年にわたる裁判官の経験を持つ寺内に参加してもらい、幾度となく忌憚のない意見交換をして最終原稿を完成させている。そこでは、髙中らから、どこで心証をとるのか、裁判官室にはどのような書籍があるのか、判例検索はどうしているのか、いわゆるスジとスワリはどの程度重視しているのか、補充尋問をどう位置づけているのか等の弁護士がなかなか知ることのできない裁判官の「内幕」に属する質問が数多くなされ、寺内がこれらに正面から答えることとなった。寺内の参加によって、本書は、弁護士の独りよがりとは全く無縁の複眼的視点を持った書物に昇格したと考えている。原稿の検討は、コロナ禍という厳しい制約下に置かれたが、リモートによる議論も今となっては懐かしい思い出になりつつある。

　最後になるが、寺内の参加を提言してもらうなど、株式会社弘文堂の中村壮亮氏と登健太郎氏には大変なお世話をいただいた。ここに厚く御礼を申し上げたい

　　2021（令和3）年12月

髙中正彦

加戸茂樹

市川　充

岸本史子

安藤知史

吉川　愛

寺内康介

　本書には、初歩的・形式的な事項も含め、書面作成、尋問技術のノウハウが網羅されている。それだけでも十分に価値があるが、今回、これらにつき「裁判官はどう見るか」との観点からの執筆依頼を頂いた。

　筆者は裁判官時代、代理人に「もっと説明を加えてほしい」「判決に使いやすい主張、立証をしてほしい」などと思うことが少なからずあった。ぜひこの経験を伝えたいとお返事をしたが、そこからの執筆過程は、百戦錬磨のベテラン弁護士陣からのまさに質問攻めであった（弁護士経験を積むほど裁判官室を覗きたくなるというのは本当なのだろう）。

　このような意見交換を重ねる中で「裁判官としては当たり前だと思っていたがそうではなかった」「なるほどそんなところに興味があるのか」といったことも多々あった。この過程を経たため、より「弁護士として知っておきたい事項」へのコメントとすることができたように思う。

　執筆に当たっては、できるだけ具体的な心証形成過程や業務実態を盛り込むことを意識した。ひとくちに裁判官といっても考え方・仕事の仕方は様々だが、自身の経験とこれまでに出会った裁判官を思い浮かべ、ある程度スタンダードな考えをお伝えできたのではないかと思う。

寺内康介

目次 contents

第**1**章 裁判書類作成 —— 1

凡　例

【法令】

　本書において法令を示すときは、令和 3 年 12 月 30 日現在のものによっている。なお、かっこ内で参照条文を示すときは、法令名について以下のように略記した。

民	民法
戸籍	戸籍法
民訴	民事訴訟法
民訴規	民事訴訟規則
民訴費用	民事訴訟の費用に関する法律
民執	民事執行
家事	家事事件手続法
個人情報保護法	個人情報の保護に関する法律

【判例】

最大判（決）	最高裁判所大法廷判決（決定）
最判（決）	最高裁判所小法廷判決（決定）
高判（決）	高等裁判所判決（決定）
地判（決）	地方裁判所判決（決定）
民集	最高裁判所民事判例集
集民	最高裁判所裁判集民事
判時	判例時報
判タ	判例タイムズ

■ 裁判書類作成 ■

司法研修所編
『**10訂　民事判決起案の手引〔補訂版〕**』
（法曹会・2020年）

司法研修所編
『**7訂　民事弁護における立証活動〔増補版〕**』
（日弁連・2019年）

司法研修所編
『**8訂　民事弁護の手引〔増補版〕**』
（日弁連・2019年）

その他の司法研修所編の書籍。修習生の時に勉強したもののほか、最新版を揃えておきたい。

岡口基一
『**要件事実マニュアル〔第6版〕1～5巻**』
（ぎょうせい・2020年）

要件事実論については、司法研修所編の書籍に加えて、伊藤滋夫、大江忠、加藤新太郎、倉田卓次の各氏らの優れた文献があるが、学問的な興味を別として実務的な点を重視すれば、本書が最も有用であろう。要件事実が訴訟物ごとに網羅的に記載されており手元にあると便利であるし、改正民法にも対応している。

小川英明＝宗宮英俊＝佐藤裕義共編
『**〔三訂版〕事例からみる　訴額算定の手引**』
（新日本法規出版・2015年）

訴額算定といえば本書である。裁判所にも常備されている模様である。

弁護士法人佐野総合編
『**主文例からみた請求の趣旨記載例集**』
（日本加除出版・2017年）

請求の趣旨記載例に絞った書籍だが、判例・文献の引用もあるので、請求原因事実の確認に進むことも可能。

藤田耕三 = 小川英明編
『不動産訴訟の実務〔七訂版〕』

（新日本法規出版・2010 年）

新日本法規出版の『○○訴訟の実務』シリーズ。元裁判官らによる実務
書ではあるが、判例・学説が分かれるところなども詳しく記載され、各
書ともボリュームたっぷり。『不動産訴訟の実務』は、登記手続訴訟、明
渡請求訴訟などで細かいところまで理解するために有益。

新井克美
『判決による不動産登記の理論と実務』

（テイハン・2009 年）

幸良秋夫
『設問解説　判決による登記〔改訂補訂版〕』

（日本加除出版・2017 年）

いずれも、登記請求訴訟の請求の趣旨で悩んだ際に参照されたい。

指宿信 = 齊藤正彰監修、いしかわまりこ = 藤井康子 = 村井のり子
『リーガル・リサーチ〔第 5 版〕』

（日本評論社・2016 年）

リーガル・リサーチについてのもの。リーガル・リサーチについては、
われわれ著者よりもロースクールで学んだ若手弁護士の方が余程詳しい
と思うので書名を挙げるに留める。本書は比較的大部で網羅的・辞書的。

田高寛貴 = 原田昌和 = 秋山靖浩
『リーガル・リサーチ＆リポート〔第 2 版〕』

（有斐閣・2019 年）

本書はリーガル・リサーチに関する記述は 60 頁ほどで通読しやすい印
象。

鈴木道夫
「裁判所提出書面作成の要諦」
『LIBRA 2019 年 2 月号』
鈴木道夫
「弁護士実務と要件事実論」
『自由と正義 2016 年 1 月号』

準備書面の作成において、弁護士が気を付けるべき視点が端的に解説されている。一読することで今後の書面作成に新たな視点が加わる可能性もある論文であり、長いものではないので、ぜひ一読頂きたい。

中野次雄編
『判例とその読み方〔三訂版〕』
（有斐閣・2009 年）

判例そのものについての研究、検証がされている。相当数の判例を研究し、個別の判例の作られ方、果たす意味、拘束力、役割について解説している。判例の引用の際に迷ったら、該当箇所を読んでみるとよい。

畑佳秀
「民事判例の『実践的』読み方について」
東京大学法科大学院ローレビュー 13・14 号 44 ～ 55 頁

最高裁判例の読み方について具体的判例を紹介しながら、外形的・形式的な記載によって何が読み取れるかなどが詳細に解説されている。事件の符号からも読み取れることがあること、その他項目ごとに着目すべき事項など、普段何気なく読み飛ばしている箇所からも読み取れることがあることなどの指摘が興味深い。

岡山弁護士会民事委員会編著
『Ｑ＆Ａ 証拠説明書・陳述書の実務』
（ぎょうせい・2014 年）

裁判官と弁護士の目線から、証拠説明書や陳述書の記載方法、問題点等をＱ＆Ａ方式で記載した実務本。文献もかなり豊富に紹介されている。

圓道至剛
『企業法務のための民事訴訟の実務解説〔第 2 版〕』
（第一法規・2019 年）

裁判官の経験のある弁護士が、企業法務担当者に向けて書いたもの。民事訴訟の訴え提起前から第 1 審、控訴審、上告審の手続の実務が実務家ならでは視点で書かれている。体系書ではないが、実務の「暗黙知」がちりばめられている。

井上繁規
『民事控訴審の判決と審理〔第３版〕』

（第一法規・2017 年）

裁判官により民事控訴審の理論と実務について書かれた体系書。控訴審に関する事項が網羅的に取り上げられている。数多くの控訴審の判決主文例が挙げられているのが特徴で、弁護士が控訴の趣旨を起案する場合に参考となる。

門口正人
『民事裁判の要領』

（青林書院・2019 年）

長年裁判官をつとめてきた筆者による民事訴訟の実務についての Q & A。平易に書かれており、入門書に近い。裁判官の心証の取り方についても随所で触れられている。

■ 証拠収集 ■

第一東京弁護士会第一倶楽部編著
『実例と経験談から学ぶ資料・証拠の調査と収集』

（第一法規・2019 年）

弁護士が調査や証拠収集によく用いる手法に関する説明がコンパクトにまとめられている。特に、職務上請求については、制度や留意点の詳しい解説がある類書は少なく、実務上の参考になる。

■ 尋問技術 ■

加藤新太郎編著
『民事尋問技術〔第 4 版〕』

（ぎょうせい・2016 年）

京野哲也編著
『民事反対尋問のスキル』

（ぎょうせい・2018 年）

裁判官はこう見る――裁判官室の本棚

　裁判官室にある書籍は、各部屋によって異なる。注釈、コンメンタールなどごく基本的なものは自動的に配架されるが、それ以外は各部が割り当てられた予算からそれぞれ購入することになる。購入書籍の一次的リストアップは左陪席の役割であることが多く、左陪席の腕前（好み）によって本棚の内容は変わってくる。

　もっとも、ある程度の傾向はあり、著名な学者の基本書、裁判官、立法担当者が執筆に関わる書籍、訴訟に関する書籍は比較的充実している一方、いわゆる企業法務で扱う個人情報保護法、景表法などの規制法や弁護士実務的な書籍は少ない。

　たとえば民法の基本書関連では、『新版注釈民法』（有斐閣）のほか、『我妻・有泉コンメンタール民法』（日本評論社）、我妻栄『民法講義』（岩波書店）、内田貴『民法』（東京大学出版会）、潮見佳男『法律学の森』（信山社）、山本敬三『民法講義』（有斐閣）、『法律学講座双書』（弘文堂）、道垣内弘人『担保物権法』（三省堂）、『一問一答　民法（債権関係）改正』（商事法務）は多くの部にあると思われる。

　訴訟実務的なところでは、たとえば、『裁判実務シリーズ　〇〇関係訴訟の実務』（商事法務）、『最新裁判実務大系』（青林書院）、『リーガル・プログレッシブ・シリーズ』（同）、片岡武・管野眞一『家庭裁判所における遺産分割・遺留分の実務』（民事法研究会）、久貴忠彦『遺言と遺留分』（日本評論社）、新井克美『判決による不動産登記の理論と実務』（テイハン）、幸良秋夫『設問解説　判決による登記』（日本加除出版）といったところは置いてある部が多いといえる。

　また、専門部がある裁判所では、専門事件を扱わない通常部には、その関連の書籍が手薄なことはある。

　たとえば、労働事件を扱わない通常部には、菅野和夫『労働法』（弘文堂）、山口幸雄ほか『労働事件審理ノート』（判例タイムズ社）、佐々木宗啓ほか『類型別　労働関係訴訟の実務』（青林書院）といったところはあっても、他の基本書や実務本まではないことも多い。

実体験として、破産法に関し、伊藤眞『破産法・民事再生法』（有斐閣）、『条解破産法』（弘文堂）はあったものの、『注釈破産法』（きんざい）がなく困った経験もある。

　書籍の証拠提出については「裁判官はこう見る──集めた証拠の提出の工夫」(3)〔144頁〕を参照。

第 **1** 章

裁判書類作成

Ⅰ…裁判書類作成の通則

ノボル弁護士の独り言

　裁判所に出す書類って、どんな書き方をしたら裁判官によい印象を与えることができるのかな？　やっぱり、熱意をわかってもらうためにはたくさん書いて、相手の主張を強く非難した方がよいのだろうか。それから、図表をたくさん付けて、重要なところは太字、下線、色文字も使い分けて工夫すればわかりやすくなるかなぁ。かえって印象良くないような気もするし。

1　書式

　法定の書式はないが、裁判所の参考書式は、原則として、A4判横書、1行37文字、1頁26行、左余白30mm、上余白35mm、使用文字は12ポイントである（標題・見出しなどは適宜大きくして良い）。

　日弁連のHPに参考書式等があるので参照されたい（https://www.nichibenren.or.jp/legal_advice/oyakudachi/format.html）。

　なお、日弁連のHPの会員専用サイトには、「事件処理」の「民事・家事」のコーナーに裁判所書式リンク集（https://member.nichibenren.or.jp/minji_kaji/minji/link.html）があるが、その注意書きのとおり常時更新されているとは限らず、また本人訴訟用の書式であることも多いなど留意が必要である。

　最近は、字間・行間を詰めたり、使用文字を小さくしたりすることにより上記参考書式よりも1頁の字数が多いものが散見される。記録を薄くしたいためか、あるいはFAXで送るのに枚数を少なくしたいためか、理由は不明だが、中年以降の裁判官や相手方弁護士には読みにくいであろうと思われる。

文字は明朝体が原則である。標題・見出しなどはゴシックにすることもあろう。

　２頁以上となる場合は、下部余白中央に頁数を付する。

2　文体・文章表現その他一般的留意点

(1)簡潔にわかりやすく

　一文はなるべく短く、主語と述語は離さない、接続詞は適切に使うなどが基本である。一文一義（一文一意）というように、一つの文に込めるメッセージは一つにするのが、わかりやすくする基本である。

　事実主張については、できる限り二義性を排除した記載を心がけるべきである。不明確な主張は釈明を求められることになるし、誤解されたまま訴訟が進行される可能性もある。二義性を排除するためには、同じ事象を表すのに、違う文言を使うのは避けた方がよい。

◀コラム▶　理想の書面

　理想的な書面とは、どのような書面だろうか。

　内容証明なのか、訴状なのか、陳述書なのか、その書面の目的や用途によって違いはあるが、「簡にして要を得た」書面というのは、目指すべき形の１つだと思う。

　昔、とある事件で、「この取引先からこういう内容証明を出してもらいたい」という状況があり、利益相反のため自分では書けないので、ボスの友人の弁護士に取引先の代理人として内容証明を書いてもらうことにした。その際ボスが「あの先生の書く書面は簡にして要だから適任だ。」と言っていたのだが、その評判通り、受け取った内容証明は本当に「簡にして要」のシンプルで美しいものだった。

　必要なことはすべて書いてある。そして、必要ないことは一切書いていない。

書面を作るとき、前者の「必要なことを全て書く」のはそれほど難しくないと思われる。しかしこの後者の「必要ないことを書かない」のは意外と難しい。ついつい「念の為」で、色々書きたくなってしまうのが実務家の性かもしれない。

　もちろん、色々と盛りに盛って書くべき書面もあるだろう。陳述書のように、本人の思いの丈を書けば書くほど喜ばれることもある（裁判所からは喜ばれないだろうが）。

　ただ、書面作成にパソコンが使われるようになって「ダラダラ長い書面が増えた」というのは裁判所も弁護士も感じているところであるし、基本的には「余事記載は有害無益」と考えるべきだろう。短くても必要十分な内容の書面を書く、ということを日頃から意識しておきたい。

［岸本史子］

（2）一文が長くなる傾向

　かつて弁護士が手書きで起案していた時代は一文が短かった。パソコンになってからは、とりあえず文章を打ってみてから直すというスタイルになり、長くなっていった。長くても論理的にわかりやすければよいが、そうでない場合も多い。判決文などは必ずしも一文が短くはないが、判決と同じレベルで論理性を失わずに書く自信がなければ短くした方が無難である。

裁判官はこう見る──裁判官の心証形成時期と序盤の書面の重要性

　効果的な書面とするには、裁判官の心証形成時期を理解する必要がある。裁判官はいつ心証形成をしているだろうか。

　実は、訴訟の早い段階（訴状提出時点）から積極的に心証をとり、判断に必要な（残された）審理は何かを考えている。当事者の主張が尽きる段階で心証を取り始めていたのでは、適切な争点整理はできない。行き過ぎると拙速審理になってしまうが、心証形成を早期に始めなければ足りない点の指摘もできず審理の見通しも立てられ

ない。熱心な裁判官ほど早期に心証形成を始めているといえる。

　心証が固まった後にこれを覆すのは難しいため、序盤の書面は特に重要となる。

裁判官はこう見る──裁判官の業務実態をふまえた説得的な書面とは

　(1)(2) で挙げられている事項は、説得的な書面とするためにいずれも特に重要である。

　裁判官が1件あたりにかけられる時間は少ない。大都市部で民事事件を担当する裁判官の手持ち事件数（単独事件）は、150から250件の間に入るといってよいであろう。結果、日中は期日をこなし、夕方以降に書面を読むのが多くみられる例である。1日の期日が10件を超えることは珍しくない。このような業務実態をふまえると、「一読して理解できる書面」とすることが重要といえる。また、わかりやすさのための工夫（**14(2)**〔16頁〕参照）は、基本的に裁判官は受け入れるものと思われる。ただし、何事も行き過ぎはよくないためバランスが重要である。

　業務実態をより具体的に述べると、筆者が最後に所属した2020年頃の東京地裁では、月に配転される新件は約30件であった。手持ちが150〜250件ある中で、月に30件が終局しなければ、手持ちはどんどん増えることになる。終局理由は、判決、和解、それ以外（取下げ等）である。

　このうち判決には、判決書の作成を要しない調書判決と、判決書を作成する対席判決がある。調書判決とは、被告が答弁書を出さずに欠席している等の場合に、調書に基づいて判決ができるものである（民訴254条）。書記官が簡易な判決理由を記載した調書を作成し裁判官の決裁を得るため裁判官の負担は少ない。

　対席判決の本数は、和解をどれだけするかにもよるが、月に3〜4本は書くイメージである。なお、地方（特に支部）の裁判官は、民事事件以外も担当していることが多く、民事事件の件数が少ないからといって余裕があるわけではない。

裁判官はこう見る——一読して理解できる書面とは

　一読して理解できるための工夫例の一つは、簡潔にすることである。長すぎる書面は読み手の集中力がもたない。読み終わったものの、結局何が重要であったか頭に残らない可能性もある。事案によるが、たとえば 20 頁を超えるものは要注意といえる。長くなる場合など、テーマによって準備書面が分けて提出されることもある（テーマ名の表題が付されているとわかりやすい）。読み手はテーマを意識でき、後に読み返す際に（異動してきた裁判官がまとめて読む際にも）便利であるため、良い工夫例といえる。

　なお、裁判所でも、「単独事件の判決は 15 頁程度に収まるのが通常で、20 頁を超えるものは詳細に書きすぎていないか、合議事件にすべきでなかったか自己点検した方がよい」などと言われることもある（もちろん事案によるとの留保付きである）。裁判所も長すぎる書面が良いとは考えていない一例といえる。

◀ コラム ▶　書面が長くなる理由

　自戒を込めて思うに、書面が長くなる一因は短くする時間的余裕がないからだと思います。最終準備書面などに典型的ですが、自分の主張を論理立てて述べるときには、構成を十分にしてから書けば良いのでしょうが、時間がなく、書きながら論理構成を固めることも結構あると思います。前提から一つひとつ論理を追って確認しながら書いていかないとどこかで論理矛盾をしてしまいそうで、それでわかりきったことや、既に主張したことも改めて書いて長くなるということがあります。見直して不要な部分を削除すれば良いのですが、その時間がないし、多少時間があっても、書くよりも削る方が神経を使うし勇気も要ります。無駄なことが書いてあるよりも必要なことを落とす方が怖いのは皆さん同じでしょう。対策としては、

(3) 法律文書としての一定の水準を保つ

　一文が短い方がよいといっても、話し言葉のようになっては、かえってわかりにくいことがある。また、あまりに短い文がいくつも続くと、ブツブツ途切れる感じでかえって読みにくいこともある。裁判書類の名宛て人はプロ（裁判官と相手方弁護士）であるから、法律文書としての一定の水準が保たれていないと、甘くみられる。相手方としても認否しにくいし、記載の意味内容について釈明を求められてしまうこともあろう。

(4) 事実主張、証拠の引用

　事実については、なるべく、その事実が認められる根拠を示す。直接証拠があれば引用し、間接事実から推認されるべきものについてはその間接事実（とその証拠）と推認にあたり用いられるべき経験則を意識し、必要に応じてそれらも記載する。

　黙示の意思表示や、「過失」、「正当事由」といったいわゆる規範的要件を主張する場合には、その評価根拠事実を主張しなければならない。

　書証番号の順番は、（既出の証拠を引用する場合を別として）引用する順番（引用しない場合にはその証拠に関係ある主張が出てくる順番）に付けた方が読み手にわかりやすい。原告提出証拠の場合、訴状に引用される順に甲1、甲2……とし、被告提出証拠の場合は、答弁書に引用される順に乙1、乙2……とし、その後はそれぞれ準備書面で引用する順に書証番号を付けることになる。

(5)推測を述べる場合

　たとえば、反証においては裁判官の心証を揺るがせれば足りるから、「（相手方はこういう事実があると主張しているが、逆に）別の可能性がある」という推測を主張することがある。推測であっても根拠を示し、単なる憶測とは異なることを示さなければならない。

（6）経験則を主張する場合

　一般的な経験則は証明を要しないが、専門的な経験則は証明を要する。自然科学的な法則を前提とする経験則としては、簡単な物理法則などは一般的経験則だが、複雑な医学・物理法則などは専門的経験則に分類されよう。「人の行動を観察して比較的多くの場合に導かれる蓋然性」を前提としている経験則としては、いわゆる社会常識に属することは一般的経験則であるが、業界の取引慣行などは専門的経験則に分類されよう（加藤新太郎編『民事事実認定と立証活動 第Ⅰ巻』（判例タイムズ社、2009年）348頁）。

　一般的経験則でもその確立度（確からしさ）には程度の差があるから、訴訟代理人としては、要証事実の証明に用いる経験則の内容とその確立度を意識して記載し、裁判官に認識してもらうように心がけるべきである。財産的行為一般に関する経験則について、伊藤滋夫『事実認定の基礎［改訂版］』96頁にはその体系化が試案として示されている。そのような体系化をすること自体にも議論があるようだが（加藤編・前掲書366頁）、そこに記載されているような事柄が経験則として利用されることが多いことは疑いのないところであろう。

　そして、専門的な経験則は立証を要するので、主張する際には証拠を引用するように心がけるべきである。業界の慣行などは、端的な書証が乏しいことがあり人証に頼らざるを得ないことも少なくないであろうが、安易に人証のみに頼るのは危険である。業界団体が刊行している出版物や業界紙の記載などが参考となる場合もあろうし（ただし、業界紙などの信用性は様々なので要注意）、同種事案の裁判例の判決理由中でそのような慣行があることを前提に事実認定が行われていれば、それを引用することも考えられる。

（7）法的主張、意見を述べる場合

　法的主張については、論理的整合性を意識するのはもちろんであるが、条文、判例・裁判例、文献の正確な引用を心がける。条文は引用することで改めて法律要件を確認することになる点でも意味がある。

条文の引用の際の表記の仕方は該当条文を二義性なく特定できていれば誤りということはないであろうが、「第」を省いて表記する場合も、枝番号がある場合には、「23条の2第2項」と「第」を入れる必要がある。最高裁判例や下級審裁判例については、裁判所名と判決日だけでなく、「民集」その他の出典も引用すべきである。文献については編著者名（著者名）、書名・題名、版の特定、該当頁を明らかにすべきである。文献の写しや抜粋を書証提出するときには、それらの事項を証拠説明書に明記の上、主張書面中では「乙第15号証18頁」などと引用しても許されるであろう。文献等の書証写しには該当箇所にラインマーカーや下線を付すべきである。なお、判例・裁判例や文献は証明の対象ではないので、かつては書証としての提出を許さない裁判官もあり、現在でも単に参考文献として提出しても構わないが、引用の便宜としては証拠番号が付されていた方が都合が良いという考え方もあろう。判例はきちんと引用しさえすれば裁判官は検索が可能だから書証・参考文献としての提出は不要であるとの指摘もあるが、参照の便宜を考慮すれば、必要な範囲に絞って提出する分には構わないと思われる。

　意見を記載する場合、それが法的妥当性の問題に関するものではなく、当・不当を述べるに過ぎない場合でもその根拠を示すべきである。

（8）品位を欠く表現は用いない、揚げ足を取り過ぎない

　相手方を誹謗中傷したり、過度に攻撃的な表現を用いたりしても、裁判官の心証を自分の側に傾けることはできない。むしろ、説得力のなさを表現の強さで補っていると思われてしまい、かえって逆効果であろう。なお、時折、明らかに有利な側が必要以上に強い表現で相手方を非難していることが見受けられる。相手方を非難するというよりもむしろ裁判所に対する「和解しない。譲歩しない」という意思表示を意味する場合もあるが、ほどほどにしておくべきであろう。

　また、相手方の主張の矛盾を突くことは必要だが、揚げ足を取り過ぎるのも考えものである。揚げ足を取るとスッキリするが、やってい

る本人が思うほど劇的な効果はないことが多い。特に、立証責任を負っている側が、相手方の反論の矛盾を突いて勝ったような気になってはいけない。相手方の反論を論破したところで、自分が立証すべきことができていないと結局負けるからである。

（9）誤記の訂正の仕方、誤記に対する対応

些細な誤記であれば、陳述時に口頭で訂正してもよいが、訂正したことが明確になるよう訂正の書面を提出するのが原則である。書面の標題は、訂正申立書でも準備書面でも構わないであろうが、訴状記載の訂正は、「訴状訂正の申立書」と題して行うのが通例である。特に、請求原因については判決にそのまま添付・引用される場合があるので、「別紙のとおり訂正する」として訂正後の請求原因を記載したものを添付するように裁判所から指示されることも多い。いずれにせよ、訂正後の主張を陳述する必要がある場合には、陳述を要する書面であることが裁判所にわかるようにする必要がある。後述もするが「上申書」の標題では陳述を要するかはっきりしないので注意が必要である（これに対して、誤記のある書面を陳述する前であれば、訂正の上で陳述扱いとされたいという趣旨で「上申」をすることはあろう）。

誤記をされた側としては、相手方が自己主張の変遷を誤記として済まそうとしているような場合などには別であるが、そうでなければ鷹揚に対応すべきであろう。相手方主張の矛盾の揚げ足を取ることの意義が必ずしも大きくないのは前記のとおりだが、誤記の揚げ足を取っても自己に有利になることは何もない。ときには、相手方の主張が誤記であることが明らかなのに、あえてその主張を前提に反論する代理人がいるが、単なる意地悪としか評価されない。誤記ではなく、相手方代理人の用語の用い方が正確でないときに、それを捉えてまともに反論しないという例もある。正確な用語を用いなかった方も悪いのだが、たとえば、会社と元従業員が争っている訴訟で、社内制度が問題となる場合に、元従業員側の代理人が社内制度に関する用語の使い方が正確でなかったときに、「そのような名称の制度は存在しないので

（相手方主張を）否認する」などと認否することがある。弁護士倫理上もどうかと思われるし、まともに反論しないで引き延ばしていると評価されてしまうおそれもあろう。

◀ コラム ▶ 誤字脱字撲滅の工夫

　書面作成にあたり、「誤字脱字」は永遠の課題である。最近ではパソコンのワープロソフトが表記の揺れに下線を表示するなど注意喚起してくれるが、それでもなかなかゼロにならない。誤字脱字の撲滅のためにはどんな工夫があるだろうか。

　まず、自分で見つけるための工夫としては、「プリントアウトしたものを読む」「声に出して読む」のが古典的な王道だろう。不思議だがパソコンの画面よりも紙に印刷した方が誤字を発見しやすいし、音読するためには文章をきちんと読むので、単純だが有効な方法といえる。音読は特に住所や電話番号の確認に有効なように思う。最近では文書読み上げソフトを使用して、読み上げたものを耳で聞く方法もある。これは文章の分かり易さのチェックにもなるが、同音異義語の間違いは発見しにくいので注意を要する。

　また、よくあるミスの１つに「原告」と「被告」の入れ違いがある。これを防止するための工夫として、最初はすべて固有名詞で起案しておいて、最後に「置き換え」機能で固有名詞を「原告」「被告」に置き換えるという方法がある。これは反訴や控訴など混乱しやすい事案で効果を発揮する。起案後のチェックとしては、パソコンの文字検索機能を利用して「原告」だけにハイライトを付した上で全文を読むと入れ違いを発見しやすい。

　次に、「人に読んでもらう」のも基本的かつ有効である。事務員が発送を担当する場合は必ず一読するようにしている弁護士も多いのではないか。なおこの場合「事件の内容を知っている人」と「知らない人」とどちらに読んでもらうかによって効果が違ってくる。事件の内容を知っている人ならば、誤字脱字のみならず内容面のチェックも同時にできるが、逆に内容を知っているからこそ思い込み

で見落とすこともある。たとえば前述の「原告」と「被告」の入れ違いなどは、内容がわかっている人ほど思い込みで目が滑って気づけないことがあるように思う。他方、事件の内容を全く知らない人は、日本語の間違いには気づくが内容の間違いには気づけない。事案によって使い分けたい。

ただ、いずれの方法もある程度の時間が必要なので、結局のところ一番必要なのは「時間に余裕をもって文書を作成すること」なのかもしれない。　　　　　　　　　　　　　　　　　　　　　[岸本史子]

（10）主張書面中の過激表現についての懲戒例

準備書面中に、相手方について「どうやら性格的な不法行為者らしい」「既婚の男性を目標とし」「既婚者を操り家庭に波風を立たせるのが好みであり」「毒牙にかかり」等と記載した例や、医師である相手方について主張書面中で「医師として良心の欠片も見い出せない、吐き気を催すほどの醜態」「ヤミ金顔負け」等の記載をした例などがある。

3　形式・構成
（1）標題

（ａ）文書の標題が法令に記載されている例　　訴状（民訴 133 条 1 項）、答弁書（民訴規 80 条等）、準備書面（民訴 161 条等）、控訴状（同 286 条）、上告状（同 314 条）、上告理由書（民訴規 194 条）、抗告状（同 207 条の 2）など。

（ｂ）慣行上決まった標題がある例　　反訴状（民訴 146 条 4 項）、訴えの変更申立書・請求の拡張申立書、請求の減縮の申立書（同 143 条 2 項）、控訴理由書など。

（ｃ）適宜の標題を用いる例　　書面の趣旨がわかるように適宜標題を付ける例がある。たとえば、人証の申出は、証拠申出書、人証申請書、証人尋問申出書など適宜な標題で行われている（司法研修所編

『7訂 民事弁護における立証活動〔増補版〕』262頁では「証拠申出書」)。

　一般に、民事訴訟では、本案について事実主張をする場合には口頭弁論で陳述を要するので、訴状、答弁書等定まった標題がある場合を別として「準備書面」に主張を記載することになる。準備書面は弁論を準備するものなので、「準備書面」という標題で書面を提出すれば、裁判所は原則的に陳述を要する書面として認識するからである。「上申書」「意見書」などの標題では、単に裁判所に言いたいことがあるだけだと認識されるおそれがある。

　法令上の「申立」をする場合には、「申立書」という標題を用いるのが通例である。たとえば、移送の申立ての場合には「移送申立書」とするのが例である。ただし、答弁書その他の準備書面中でも、申立ての趣旨がはっきりしていればそれでも良いであろう（「第○　移送の申立」などと明確に一章を設け、その趣旨の題名を付けて記載すればよい）。これに対して、口頭弁論の再開（民訴153条）の申出などは、職権発動を促すだけなので「申立書」「上申書」のいずれでも構わないであろう。

　上記のとおり、準備書面は弁論を準備するものだが、慣行上、口頭弁論がない手続でも当事者の主張を記載する書面の趣旨で「準備書面」とすることがある。民事調停、家事事件、はては弁護士会の懲戒手続でも用いられることがある。しかし、最近は、家事事件などでは区別を意識して「主張書面」と題することも多くなっている。

（2）必要的記載事項その他記載すべき事項

（a）法令に規定がある場合　　（i）書面一般の必要的記載事項

　民事訴訟規則2条では、裁判所に提出する書面に共通の記載すべき事項として、当事者の氏名または名称および住所ならびに代理人の氏名および住所、事件の表示、附属書類の表示、年月日、裁判所の表示を挙げている。

　標題により、端的にその書類の種類を示し、当事者・事件の表示をすることによりどの事件について提出された書面かを特定し、また、

裁判所を表示することにより宛先を特定することになる。年月日は、同じ標題の書面が複数ある場合に特定する機能があり、附属書類の表示により一緒に提出された書類が特定される。提出日を記載することが多いが（郵送提出の場合、発送日や到達予定日）、その期日で陳述・提出扱いとしてもらうという趣旨で次回期日を記載する場合もある。

（ⅱ）**書面に特有の必要的記載事項**　　各書面に特有の必要的記載事項等が法定されていることがある。

たとえば、訴状の場合、民訴法133条2項の必要的記載事項のほか、訓示規定ではあるが民訴規則53条に実質的記載事項が定められている。

また、証人尋問の申出の場合は、民訴規則106条によるほか、証拠の申出として同99条にもよらなければならず、かつなるべく申出と同時に尋問事項書も提出すべきである（同107条）。

民事訴訟法その他の当該手続法および同規則をチェックして記載事項に留意すべきである。

（ⅲ）**申立ての場合**　　何らかの申立てをする場合には、申立ての趣旨と理由を分けて記載するのが原則である。

(3)項目、見出し、小見出し

読み手がわかりやすいように適宜項目分けし、項目ごとに見出し・小見出しを付けるのが望ましい。

裁判官はこう見る──表題（小見出し）の活用

表題（小見出し）を工夫することで、読み手の予測可能性を持たせることも重要である。結論を予測して読むことで、書き手の論理構成をより理解しやすくなる。たとえば、「債務不履行責任について」とするよりも、「原告主張の注意義務を負っていないこと」、「被告は注意義務を果たしていること」などとする方が、何を述べようとするか明確であろう（具体的事案に応じた表現の工夫が必要である）。ただし、あまりに長い表題はかえって読みにくくなる。

> 　1頁に段落分けがなく文字で埋まっている書面も読みにくい。適宜段落分けをするべきであろう。見出しや段落は適度に使用することがよく、あまり細切れにならないようにすることがよいであろう。

（4）目次、要旨

　大部の書面なら（20頁以上が目安と言われる）、目次を付したり、冒頭に要旨を付したりすることが考えられる。

4　体裁
（1）項目

　項目の細別は判決のそれに準ずるのがよい。第1→1→(1)→ア→(ア)→a→(a)の順で符号が変わるたびに一文字分字下げする。ワードのアウトラインで設定すると、自動的に番号を振ってくれるので便利である。

（2）図表、別紙・別表

　図表や別紙・別表は、読み手の理解を助ける。作成技術が進んだこともあって、以前よりも多用される傾向にある。時系列が複雑なときに別表にしたり、細かい主張事実とその端的な裏付け証拠があるが、対応関係がわかりにくいときに別表で整理したりすることがある。また、当事者・関係者の親族関係が複雑なときには親族関係図を添付するのはむしろ必須というべきである。専門用語が多数使われる訴状では、用語一覧を表にして添付することも有用である。

　ただし、あくまで文章だとわかりにくい事柄などに補助的に用いるのが原則であろう。図表等は相手方からすると逐語的な認否がしにくく、概括的に争われてしまい、争点が絞れなくなるきらいがある。なお、裁判所によっては特定の事件について「表」を用いての主張が推奨されていることがある。たとえば、東京地裁では、建築訴訟につき「瑕疵一覧表」を用いたり、交通事故訴訟につき「事案の概要」、「損

害額一覧表」を用いたりする例がある。

裁判官はこう見る——図表・別紙一覧表をどう見るか

　図表・別紙一覧表などのわかりやすくする工夫は有用である。裁判官は書面で事案を把握するため、図表や一覧表を適切な場面で利用することは基本的に歓迎される。図表は文章だけではわかりづらい点を視覚化すること、一覧表は、時系列、争点、損害項目等が多数・複雑となる場合に一覧性を持たせることに意義があろう。

　注意点として、図表は、裁判官の理解を補助する補完的なものであるため、正式な主張は文章で述べておく必要がある。

　一覧表には、あまりに詳細な主張を入れ込むと一覧性を欠き意義を失うことになる。詳細な主張は準備書面で行い、一覧表にはその概要を記載することが一般的といえる。

（3）太字、傍点、ゴシック、下線、色文字、マーカー（ハイライト）

　強調したいところ、間違いやすいところを太字やゴシックにし、もしくは傍点を付し、また下線を付すことも最近は比較的よく行われている。ただし、多用しすぎると強調したことにならず意味がない。さらには、強調すべきところが的外れだとかえって恥ずかしい。

　文字に色を付ける（赤字にするなど）、マーカー（ハイライト）を付すなどは、基本的にはしない。どうしてもわかりにくいときや、図表・別表などをわかりやすくするために必要最小限で用いることはあり得るであろう。

裁判官はこう見る——文字装飾をどう見るか

　強調したい部分を目立たせることは裁判官によって評価が分かれるが、少なくとも多用はよくないであろう。主張書面に色文字やマーカーを用いることはやや行き過ぎている印象もある。FAX 送信時の問題や裁判所のコピー機が白黒印刷のみの場合もあり、手控え用

のコピーを作成しにくいとのデメリットもある。

　なお、上記とは異なるが、見出しや略語定義（以下「○○」という。の○○部分）を太字、ゴシック化することは判決書でも見られる。

　また、証拠の文言を主張書面で引用する際に、重要部分に下線を引くこと（「下線部は引用者による」など注記をする）や、文献等を証拠提出する際に主張で利用した部分に下線やマーカーをすることはよく行われる。

(4) 脚注

　主張責任とは関係ない事柄で、本文中に記載すると本文の流れが分断されるなどしてかえってわかりにくいものは脚注に記載することも考えられる。本文中にかっこ書きで記載する事柄が長くなる場合に、かっこ前後の文章の流れがつかみにくくなるときなどに、脚注に移すことなどは考えられよう。ただし、脚注は文献・裁判例の引用に限るべきという意見もある。

　いずれにせよ、脚注に記載したことは訴訟法上主張したことにならず、相手方に認否してもらえない、判決の基礎としてもらえないと思っておいた方が無難であろう。

　裁判官はこう見る──脚注をどう見るか

　脚注が付される書面はそれほど多くない印象である。読みやすさの工夫としてあり得るものであるが、本来裁判書類は訴訟に必要なことに限って主張するものであり、必要性がないのであればそもそも主張しないことも選択肢である。少なくとも脚注に記載された事項は、「本文中に記載するほど重要でないと自認しているもの」と捉えられることは自覚しておくべきであろう。

（5）証拠の引用

　主張事実については証拠を引用する。かっこ書きで書証番号を付すのが一般的である（「……（甲3）」など）が、書証提出する契約書の特定の条項の効果を主張したいならば、「甲3・第○条」と明記しても良い。

　裁判官はこう見る──証拠の引用は丁寧に

　証拠の該当箇所はなるべく丁寧に示すべきである。たとえば、「この点は本契約において合意している」と主張しても、裁判官にはどの条項かすぐにはわからないこともある。自明な場合を除き、本文中で条項を示すか、（甲○・○条）などと示すべきであろう。

　頁数の多い証拠であれば、該当頁数も示すことが丁寧である（甲○・○頁など）。さらに、該当頁の情報量が多く、頁番号だけではわかりにくい場合（医療記録など）は、（甲○・○頁の○○部分）などと該当箇所を示すことも考えられる。

　なお、証拠にマーカーや下線を付して、見てもらいたい部分を目立たせることもあるが、関係当事者が当時作成した証拠には書き込みをしない方がよいといえる。当該証拠に誰が、いつ、どのような理由で書き込みをしたかが重要になることもあり、保存されていたままの状態で提出をすることが原則である。もし書き込みをする場合には、代理人が書き込んだものである旨を証拠説明書等に注記することが必要である。

　これに対し、webページやメール、文献など、証拠提出時に新たに印刷、コピーされたものにマーカーや下線を付すことはよく行われる。ただし、証拠提出後の主張の経過によっては、マーカー等を付した部分以外がフォーカスされることもある点には注意が必要である。

Check Point

□書式　裁判所の参考書式に従うのが基本。

□文体・文章　法律文書としての水準を保ちつつ、簡潔かつ一文を短く。

□（要件）事実主張　直接証拠があれば引用、なければ要証事実を推認させる間接事実と、推認に用いられるべき経験則を意識。

□経験則　専門的経験則は要立証。一般的経験則でもその内容・確立度を意識。

□法的主張・意見　条文、判例・裁判例、文献の正確な引用を心がけ、論理的整合性を意識。

□品位保持　品位を欠く表現や不必要な揚げ足取りを避ける。

□書面の標題　法令上定まったものがあればそれによるほか、陳述を要するか否か、申立てなのか、単に職権発動を促すだけかを意識する。

□必要的記載事項は条文で確認する。

□項目分けをして、見出しを付け、大部の場合は目次や要旨を付ける。

□読みやすさを工夫する　必要な範囲で、図面、別表等の利用、太字・下線の利用。

［加戸茂樹］

II…訴状

ノボル弁護士の独り言

　兄弁に、「〇〇請求事件の要件事実はどの本に書いていますか？」と聞いたら、「条文に書いてある」と言われた。からかわれているのかと思い「またぁ、先生、何を言っているんですか（笑）」と言ったら、今度は「法律要件分類説なんだから、基本、条文に書いてあるだろう」と真顔で言われてしまった。そりゃそうだけど、条文見るだけじゃわからないことも多いよなぁ……。

1　形式

（1）東京地裁民事訟廷事務室事件係の注意事項・雛形

　形式については、最高裁の HP の東京地裁のページに同地裁の注意事項・雛形があり、参考になる（https://www.courts.go.jp/tokyo/saiban/syoutei_osirase/index.html）。

　各民事部における情報もある（https://www.courts.go.jp/tokyo/saiban/index.html）。たとえば、前述の一覧表等の雛形は、建築訴訟の書式は民事第 22 部、交通事故訴訟の書式は民事第 27 部のページにそれぞれ掲載されている。

（2）必要的記載事項等

　司法研修所編『8 訂 民事弁護の手引〔増補版〕』93 頁以下に詳しい。以下、要点と実務上の留意点について述べる。

　（a）標題　「訴状」である。ただし、特殊な手続による場合にそのことを明らかにする趣旨で付記をすることがある。たとえば、手形訴訟の訴状では、手形訴訟制度による審理および裁判を求める旨の申述を記載する必要がある（民訴 350 条 2 項）。本文中にその旨を記載す

るが、併せて標題も「訴状（手形訴訟）」とする方が一見してわかりやすい。

（ｂ）年月日　　裁判所に提出した日を記載する。郵送の場合は、発送日でも到達予定日でもよいであろう。

（ｃ）宛先の裁判所　　当然のことながらその裁判所に管轄があるのが前提である。管轄合意が存在することもあるので、当事者間の契約書などをチェックすることが必要である。土地管轄がない裁判所に訴状を提出した場合でも、応訴管轄が生じる可能性があるときは、専属管轄裁判所がなければ、手続を進めてくれる取扱いのようである。訴額が140万円以下で事物管轄が簡易裁判所の管轄の場合であっても、地方裁判所に訴訟提起し自庁処理ないしは職権により（民訴16条2項）そのまま審理をしてもらいたい場合には、訴状とともに、自庁処理を求めるときはその旨の申立書を、職権発動を求めるときは上申書を提出することになる。その場合、事前交渉の経過を述べた上で、予想される相手方の主張、予想される争点等から、簡易裁判所ではなく地方裁判所の審理を相当とする事情を具体的に記載する必要がある。単に「事案困難」というような抽象的な記載では不十分といわれている。なお、たとえば東京地方裁判所民事第27部（交通専門部）では、自庁処理の要件が認められない場合は、応訴管轄を待たずに原則として移送または回付の措置をとるとされている模様である。宛先の記載は、「○○地方裁判所民事部　御中」とするのが一般的である。支部や簡裁では「民事部」がなく「係」があるだけのこともあるが、わからなければ「民事部」としていても問題はない。

その裁判所に専門部があっても当該専門部を記載する必要はないと思われるが、専門部への係属を望むならその旨訴状提出時に上申書により申し出るべきである。なお、知的財産に関する訴えの管轄については、民訴6条・6条の2がある。

（ｄ）当事者の氏名または名称および住所ならびに代理人の氏名および住所　　　（ｉ）原告および被告の氏名・名称および住所　　自

然人の場合は、住所と氏名、法人の場合は本店等事務所所在地と名称を記載するのが通常である。それらによって当事者が特定されるからである。住所不明なときは「居所」を、居所も不明なときは「住居所不明」として、「最後の住所」を記載する（民訴4条2項参照）。もっとも、会社を被告とする損害賠償請求訴訟などで、その従業員も共同被告とする場合に、訴状送達に支障がないと予想されるなら、当該従業員の住所を当該会社にしても送達手続をとってくれるものと思われる。

　人事訴訟などでは戸籍名と一致させる必要があるし、通常訴訟でも当事者の同一性が問題とならないようにするためには戸籍謄本・住民票との確認が必要なことがある（「高」と「髙」といった異体字にも注意が必要である。世間には、戸籍上の表記にこだわる人がいる一方で、面倒だからといって戸籍とは異なる表記を普段用いる人もいる）。法人の所在地については登記事項証明書にはビル名、号室などが記載されていないことが多い。訴状記載では補っても構わない（正確なことが前提である）。

　　　＊当事者の表示において、戸籍、登記、住民票等と実際が異なるとき　戸籍上の氏名と、通称・屋号等の通用している名前が異なるときは「○○（通称等）こと　××（戸籍上の氏名）」とするのが一般的である（もっとも、通称等がその訴訟で問題とならない場合は、戸籍上の氏名表記だけで足りよう。表札が通称で戸籍名だと送達されるか不安であるとか、取引に関する訴訟で取引名義が屋号である場合などは、併記が必要となる）。本文中の異体字の場合は通称というわけではないので、「髙橋太郎（戸籍上の表記は「髙橋太郎」）」としてもよいであろう。法人の本店所在地が実際と異なるときは、登記上の本店所在地と実際の本店所在地をその旨付記して記載すればよい。法人の商号や本店所在地が変更され、登記もその旨変更されているのに、訴訟の対象となっている不動産の登記上の表示が変更前のもののままということがある。現在の商号・本店所在地の表記とともに「不動産登記簿上の表示」として旧商号等を記載することになる。
　　　＊人事訴訟・登記関係訴訟　人事訴訟では、判決にしたがって戸籍記載を変更するので本籍地の記載も必要である。登記関係訴訟では登記簿上の住所と現住所が異なる場合には両方の記載が必要である。

＊**判決後の手続を視野に**　　住所・氏名の一致は当事者の同一性に関わる。判決を得るには問題がなくても、その後の強制執行や、戸籍の変更等で問題となることがある。訴訟提起の際には、その紛争が最終的にどのような形で解決されることを意図しているかを十分意識する必要がある。

＊**住所の非開示**　　DV 関連の訴訟などでは住所を開示できないケースがある。その場合は、住民票上の住所や「既に明らかになっている旧住所」などを記載しても訴状は受け付けられる（さらには、原告代理人弁護士の事務所を住所として記載することが許されるケースもあるようである）。なお、記載だけでなく、（記録の閲覧をされる可能性があるから）訴訟記録全体の秘匿をどのように確保するのか留意する必要がある（記録閲覧等の制限につき、民訴 92 条参照）。記録の閲覧等の制限は、プライバシー上の問題に限らず、営業秘密などでも問題となる。知財事件などで典型的である（https://www.courts.go.jp/tokyo/saiban/sinri/sinri_etsuran/index.html）。

　（ⅱ）**法定訴訟担当**　　破産財団に関する訴訟における破産管財人（破産 80 条）のように、実体法上の権利義務主体ではない第三者に訴訟追行権を認めていることがある。この場合、破産管財人等の訴訟担当者が当事者となる。したがって、表記は「原告　破産者甲野太郎破産管財人乙野二郎」となる。

　（ⅲ）**法定代理人の氏名および住所**　　法定代理人（民訴 133 条 2 項 1 号）としては、法人の場合、代表者を肩書き付きで「代表者代表取締役○○○○」などと表示する。

　未成年者など当事者に訴訟能力がない場合には、法定代理人である旨、その代理資格、法定代理人の氏名・住所の記載も必要である。

　相続財産管理人の場合は、前述の訴訟担当ではなく、財団としての相続財産が当事者で、管理人が法定代理人である。したがって、当事者の表記を「原告　亡甲野太郎相続財産」として、法定代理人の表記を「代表者相続財産管理人　乙野二郎」とする。

　（ⅳ）**訴訟代理人の氏名および住所**　　弁護士が委任により訴訟代理人となる場合の肩書きは、原告が複数の場合は「原告ら訴訟代理人弁護士」とする。

　訴訟代理人が複数の場合は民訴規則 23 条の 2 の連絡担当訴訟代理

人を選任した方が便宜である。訴状にこれを明記した場合、選任の届出をしたことになるであろう。かっこ書きで（担当）などと付記する例が多い。

住所は事務所住所・事務所名称を記載し、電話番号・FAX番号を記載する。

送達場所の届出（民訴104条）が必要であり、別書面で届け出ても良いが、訴状に記載してしまうのが一般的である。事務所住所の記載のところに「（送達場所）」と付記することで届け出たことになる。

弁護士法人の場合には、訴訟代理人全員の所属事務所をどの代理人がどの事務所に所属しているかわかるように記載する必要がある。送達場所は担当弁護士がいればその弁護士の所属事務所とすべきであろう。担当弁護士が従たる事務所所属の場合に、主たる事務所を送達場所とすることは訴訟法上は問題がないが、弁護士法上は好ましくないように思われる。弁護士法人自体は複数の事務所を設置することができるが、法人所属の自然人たる弁護士には複数事務所設置・所属は認められておらず、あくまで自身が所属する事務所のみがその弁護士の事務所であって、異なる事務所を送達場所とすることは複数事務所の外観を呈するからである。

（ⅴ）住所の表記　　住所は、郵便番号付きで、都道府県名から記載する必要があるが、政令指定都市の場合は「○○市」からでもよいであろう。

（ⅵ）別紙にする場合　　当事者多数の場合や調書判決が予想される場合などは、当事者目録として別紙にすることがある。その場合でも、原告訴訟代理人としての記名捺印（民訴規2条1項）は目録にではなく訴状の冒頭にすべきである。

（e）事件の表示　　慣れないと、どう表示して良いか戸惑うことがあるが、判例検索などにより同じ訴訟物の事件を探して参考にするとよい。

訴訟物が複数ある場合は「○○等請求事件」とすることが多い

（「〇〇請求及び××請求事件」という例もあるが、あまり長くなるのは好ましくない）。主たる請求と付帯請求の併合に過ぎないときは「等」とはしない。

（ f ）**訴訟物の価額、貼用印紙額、予納郵券**　　訴額の算定については比較的簡単な事件については、東京三弁護士会編『弁護士職務便覧』を参照し、複雑な事件については小川英明＝宗宮英俊＝佐藤裕義共編『事例からみる訴額算定の手引き』などを参考にする。

訴状とともに訴額算定計算書を事実上提出して、書記官の確認の際の一助とすることがある。訴額計算に自信がなければ、訴訟物の価額・貼用印紙額ともに空欄にして（印紙も貼らずに多めに持参）、訴額算定計算書とともに提出し、書記官の指摘を受けて補充することも考えられるし、事前に訴状案とともにあらかじめ持参して相談することもあり得よう。

印紙は訴状 1 頁目に貼るが、多数になるときは訴状正本にだけ表紙を付けてその裏面に貼ることがある。

なお、印紙額が 100 万円を超える場合は現金納付が可能である。また、訴訟救助の申立てをする場合は、当然のことながら申立てに対する結論が出るまで印紙は貼らない（申立てが認められれば貼らずに済む）。

予納郵券額は裁判所によって多少の違いがある。従来、東京地裁では（『弁護士職務便覧』記載のとおり）被告 1 名の場合は 6000 円分を所定の内訳にて郵券現物で納付していたが、現金納付も認められるようになってきた。さらに、最近では電子納付も推奨されるようになっている。なお、訴訟救助が認められる場合でも予納郵券まで対象となるのは稀である。

訴訟係属後に請求を拡張等すれば訴訟費用の追納を要するが、請求の減縮をしても還付はされない。これとは別に、第 1 回口頭弁論期日前に訴えを取り下げると訴訟費用の一部が申立てにより還付される。

（ g ）**請求の趣旨**　　原告が求めている裁判が何かを示すものであ

り、判決主文に対応する。簡潔・正確に記載されなければならない。詳細については後述する。

請求の趣旨それ自体から、一見して明確になっていなければならない。給付訴訟であれば給付の法律的な性格や理由を含まない抽象的な表現としなければならない。

　　　×「売買代金○○円を支払え」

　　　○「○○円を支払え」

また、請求の趣旨として何が求められているかそれ自体は、請求原因を見ずともわかるようになっていなければならない。旧訴訟物理論では、請求の趣旨と請求原因とで請求が特定されるのであるが、それとこれとは別論である。したがって、遅延損害金の起算日が複数あるときに「各支払期日から年3分の割合による金員を支払え」とするのは不適法である。支払期日が請求の趣旨それ自体からは特定されていないからである。このような場合は、支払期日自体をすべて網羅的に記載するか、別表にするなどして工夫することになる。

　（ⅰ）別紙、別表の利用　　請求の趣旨の中に複雑・多数の目的物を表示する必要があるときは、別紙目録（物件なら物件目録）を添付しこれを請求の趣旨の中に引用する。

目的物以外でも多数の項目を表示する必要があるときは、別表を添付して同様に引用することになる。

いずれも、別紙・別表の記載内容は請求の趣旨の一部になるのであるから、前記のとおり、簡潔・正確、かつ一見明確である必要がある。

　（ⅱ）物件目録　　別紙で最も利用されるのは物件目録であろう。基本は不動産登記事項証明書の表示のとおりに記載することになる（もっとも、未登記の建物があったということもあるので、登記事項証明書だけを鵜呑みにすれば足りるとは限らない）。

物件目録については、一つの物件目録に複数の物件が記載するときは、順に1、2、3と番号をふり、請求の趣旨で引用するときには「別紙物件目録記載1の土地」「同目録記載2の建物」などと記載する。

かつては、「別紙物件目録1記載の土地」という記載の仕方もあったが、この記載は、現在では物件目録自体が複数あるときに（複数ある目録のうちの）「目録1に記載されている土地」という意味で用いており、上記の記載方法とは区別されているようである（岡口基一『要件事実マニュアル〔第6版〕第1巻』98頁）。物件目録の記載方法については、司法研修所編『民事弁護の手引』ほか、岡口・前掲書98頁以下に比較的詳しい。また、東京地裁民事第21部（民事執行センター・インフォメーション21）（https://www.courts.go.jp/tokyo/saiban/minzi_section21/index.html）に、執行事件用のものながら、物件目録の記載例がある。

　物件目録には、共有の場合は当該物件についての記載の最後に共有者とその持分を記載する。区分所有建物については、敷地権の登記の有無で表記の仕方が異なる（https://www.courts.go.jp/tokyo/saiban/minzi_section21/bukkenmokuroku_hudousan/index.html）。建物に附属建物があるときはこれも記載する。登記記録が目的物の現状と異なっている場合（地積と実測面積が異なる、建物の現況が異なるなど）には、双方を記載する（いずれかの数値をかっこ書きで記載する、あるいは建物の現況を図面で示すなど）。

　後述のとおり、一筆の土地、一棟の建物の一部を示すときは、さらに図面を添付して、「別紙図面のアイウエオアの各点を順次直線で結んだ線で囲まれた範囲の部分○○平方メートル」などとするが、斜線部分として示すこともある。建物の一部を示す場合に、（建物の表示を記載したうえで）「……のうち、2階東側部分の○○平方メートル（ただし、別紙図面斜線部分）」とする例などである。いずれにせよ特定に欠けないように注意しなくてはならない。

　（ⅲ）訴訟費用の負担　　申立てがなくても職権で裁判されるが（民訴67条）、「訴訟費用は被告の負担とする」旨（被告複数なら適宜修正）の記載をすべきであろう。

　（ⅳ）仮執行の宣言　　登記手続を求める訴えなど訴えの性質上仮執行の宣言を付し得ない場合を除いて請求の趣旨に併せて必ず求め

るべきである。請求の趣旨の記載に続けて行を改めて（通常は、訴訟費用の負担の次の行に）、「仮執行宣言」と単に記載するか、「……との判決並びに仮執行の宣言を求める」とするのが一般的である。

（ⅴ）同時審判の申出（民訴41条）　　訴状の段階を過ぎても申出が可能だが、訴え提起と同時に申し出るときは、訴状に記載する。ただし、請求の趣旨に記載する必要はなく、むしろ申出を明確にするために、請求の趣旨、請求の原因とは別に「同時審判の申出」という項目を立てて記載する方が望ましい。

（h）請求の原因　　周知のとおり、請求特定のための請求原因（請求を特定するのに必要な事実）と攻撃防御方法としての請求原因（請求を理由付ける事実）のほか、重要な間接事実の記載をすることになる。いずれも後述する。

（i）証拠方法・附属書類　　（ⅰ）基本文書および重要な書証の添付　　民訴規則55条2項は訴状には重要な書証の添付を求めているほか、不動産に関する訴訟につき登記事項証明書の提出など基本文書の提出を求めている。

（ⅱ）書証の記載　　従来、訴状には「証拠方法」との項目を付して、以下のように同時に提出する書証の一覧を記載していた。

　　甲第1号証　　　売買契約書
　　甲第2号証　　　請求書
　　甲第3号証　　　領収書

しかし、最近は、訴状および書証とともに証拠説明書が提出されることがほとんどで、それに加えて上記のような一覧を記載する実益に乏しく記載されないことも多い。東京地裁民事第27部（交通専門部）の訴状参考書式では、「証拠方法　令和○年○月○日付け証拠説明書記載のとおり」となっており、書証の一覧までは要求されていない。

（ⅲ）附属書類の記載　　証拠方法の記載は、証拠説明書を引用することでも足りようが、訴状の附属書類は網羅的に記載すべきである。不足がないか確認する便宜にもなるからである。

附属書類（添付書類）については、東京地裁民事事件係の簡単な案内がある（https://www.courts.go.jp/tokyo/vc-files/tokyo/file/sojyou_teisyutu.pdf）。

（3）裁判所書記官の点検項目

裁判所書記官が受け付けた訴状のどこをチェックするかについては、東京弁護士会の会報『LIBRA 2009 年 3 月号』に特集記事がある。東京地裁の民事受付で配布しているほか、東京弁護士会の HP で確認することができる（https://www.toben.or.jp/message/libra/pdf/2009_03/p02-17.pdf）。

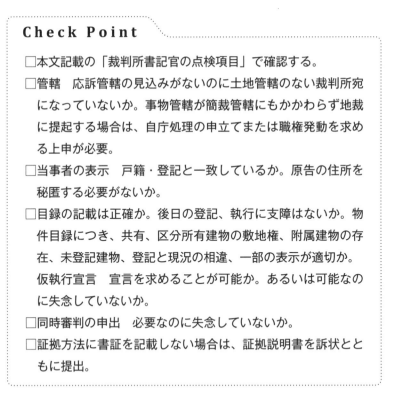

Check Point

□本文記載の「裁判所書記官の点検項目」で確認する。

□管轄　応訴管轄の見込みがないのに土地管轄のない裁判所宛になっていないか。事物管轄が簡裁管轄にもかかわらず地裁に提起する場合は、自庁処理の申立てまたは職権発動を求める上申が必要。

□当事者の表示　戸籍・登記と一致しているか。原告の住所を秘匿する必要がないか。

□目録の記載は正確か。後日の登記、執行に支障はないか。物件目録につき、共有、区分所有建物の敷地権、附属建物の存在、未登記建物、登記と現況の相違、一部の表示が適切か。仮執行宣言　宣言を求めることが可能か。あるいは可能なのに失念していないか。

□同時審判の申出　必要なのに失念していないか。

□証拠方法に書証を記載しない場合は、証拠説明書を訴状とともに提出。

2　訴状作成のパターン

(1)訴状作成の二つのパターンと特に注意が必要な類型

　貸金請求、過払金請求、離婚事件、交通事故による損害賠償請求など定型性の高い事件については、定評のある文献も多数あり、多くの弁護士が現に用いている訴状雛形さえある類型もある（交通事故につき『赤い本』の訴状雛形など）。請求の趣旨・請求原因もある程度決まり切っており、依頼者からの聴取事項や事前の事実調査も文献や雛形を見ながら行えばある程度事足りる。もっとも、定型的な記載方法では済まないことも少なくない。たとえば交通事故訴訟でも、症状固定前に別事故に遭い二つの事故の加害者を共同被告として訴える場合など、通常の訴状の雛形を見てもわからないことがある。典型的、定型的な事案のように思えてもどこか異なるところがあるものである。雛形通りにやって済ませるのではなく、事案ごとによく検討することが肝要である。

　定型的な事案以外の多くの事件は、法文、文献、裁判例等を参考に請求の趣旨や請求原因の記載をその都度検討する必要がある。

　また、登記手続請求訴訟や強制執行が予想される事件、確認訴訟など、あらかじめ特に注意しておく必要がある事件類型もある。後述する。

(2)はじめて取り扱う事件

　定型的な事案を除き、はじめてその類型の事件を取り扱う場合には、あらかじめ良く調べておかなければならない。訴状起案の段階で、事情聴取や証拠収集に不足が見つかると二度手間になる。

　何を手がかりに検討すれば良いであろうか。

　（a）条文　　訴訟物や請求原因の概要が決まっていれば、該当条文を確認する。決まっていなくても、想定される訴訟物を前提に（複数想定されるならその全部を前提）該当条文を確認することになる。

　弁護士として請求する訴訟物を確定するには実体法の知識が不可欠となる。

（ｂ）**文献**　　文献の調査については色々なやり方が考えられる。どんな訴訟物か決まっていなくても、大まかに、不動産に関する訴訟、登記関係訴訟、会社関係訴訟などどんな分野の訴訟かくらいは見当が付いていることが多かろう。その分野についての網羅的な実務書を参照して、どのような訴訟類型が適切か判断し、そこに引用されている専門的な文献や判例へと検討を進めていくことが考えられる。

　また、近時は、データベースで文献の検索をすることも多いであろう。文献や以下に述べる裁判例の検索については、ロースクール等でも学ぶであろうから新人弁護士の方が詳しいであろう。文献・判例の検索に関する文献としては、いしかわまりこほか『リーガル・リサーチ〔第5版〕』、田髙寛貴ほか『リーガル・リサーチ＆リポート〔第2版〕』などがある。

（ｃ）**裁判例**　　判決には、主文、請求の趣旨および請求原因が記載されているのであるから、適切な裁判例を選択できれば大いに参考になる。ただし、現実の事案は当該裁判例の事案と異なることも多いので気をつけないと全く的外れなケースを参照していることになり、注意が必要である。自分の事案に適合する裁判例でないと参考にならない。

　　（ｉ）**検索・調査**　　文献にある裁判例や、キーワードで検索した裁判例から適当なものをピックアップし、さらにそれらの引用裁判例等を辿って、最も適切な事案の裁判例を参考にすることになる。裁判例の検索は、有料のデータベースの利用が一般的であろうが、裁判所の裁判例検索の利用も可能である（https://www.courts.go.jp/app/hanrei_jp/search1）。検索方法については、前掲書を参照されたい。

　検索していくと複数の同じような裁判例があるが、よく読むと微妙に異なるのがむしろ通常であろう。参考にする裁判例の取捨選択も肝要である。

　　（ⅱ）**新しい裁判例**　　裁判例も進化するから、古い裁判例よりは新しい裁判例の方が適切なことが多い。法律が変わっていて参考に

ならない古い裁判例もあるので注意が必要である。

（ⅲ）先例として評価の高い裁判例　これが良いと思った裁判例を見付けたらその評釈も見る必要がある。自分が良いと思っても、評価が低い裁判例、特に判例理論の主流から外れてしまっているようなものは、それを参考にしても勝てない可能性が高い。

（ⅳ）裁判所　地裁よりは高裁の裁判例の方が一般的には先例的価値が高いし、単独事件よりは合議事件の方が慎重な判断がなされている可能性が高い。同じ地裁でも大都市の地裁の裁判例の方が評価されやすいと思われるし、大都市の専門部の裁判例だとさらに先例的価値が高いであろう。

（ⅴ）請求認容裁判例　請求が認容されている裁判例から、どのような事実（特に規範的要件における評価根拠事実や重要な間接事実は、実例にふれることにより理解が深まる）が、どのような証拠により認定されているかを確認し、自分の事案の場合にどの程度参考にできるかを見極める必要がある。請求棄却の裁判例でも事実認定で敗訴しているだけなら立証次第で何とかなるかもしれないので参考とならないわけではない。同種事案における立証のハードルの高低を判決文から読み取ることも可能だからである。ここまで立証しても勝てないのか、というケースでは、別の構成を考える契機にもなろう。

（ⅵ）高名な弁護士が原告代理人として勝訴している判例　当該分野の専門の弁護士が、訴訟提起して勝訴している事案で判例集に載っているようなものは、その弁護士が良く検討して訴訟遂行をした事案であろう。

（3）専門の弁護士に聞く

専門性の高い事案で、自分に知識が乏しく付け焼き刃では歯が立たない事案というのもある。そういう場合は専門の弁護士を紹介した方が無難だし、依頼者のためにもなる。共同受任して専門家の仕事を肌で感じれば自分の勉強にもなり、将来に繋がるであろう。

3　訴訟物を決める

(1)訴訟物を決める

　訴求する「権利」（訴訟物）を決めないと、請求の趣旨も請求原因も書けない。

　まず、依頼者が何が実現されることを望んでいるか（依頼の趣旨）を的確かつ合理的に把握する必要がある。法的素養に乏しい依頼者が求めることは、そのままでは訴訟の対象とならないこともある。法的に無理な場合もあるし、（不貞の慰謝料で１億円請求するなど）明らかに過大な場合もある。また、訴訟の対象となっても紛争の解決には至らないこともある（たとえば、作為・不作為を求める訴訟では、依頼者が考えている内容だけでは解決には足りないことがある）。

　簡単な事件は別として、ある程度の複雑な事件では、依頼の趣旨を前提に、訴訟物として何が想定されるか検討し、その訴訟物につき請求原因事実が何かを確認すべきである。

　実体法上の権利関係・要件事実が問題となるのであるから実体法の知識が不可欠である。

(2)訴訟物の選択における考慮要素

　選択すべき訴訟物は、依頼者が実現を望んでいる権利で、かつその要件事実が立証可能なものである。立証可能かどうかは、依頼者から聴取した内容をふまえ、依頼者が持っている証拠と受任後に収集した証拠に加えて、今後容易に収集し得るであろう証拠（調査嘱託など、訴訟になってからでないと収集できない証拠もある）により予測することになる。そのようにして、立証できそうな事実関係（間接事実等）を確定する。その際には証拠の有無・数だけでなく、質にも注意しなければならない。書証については処分証書か報告文書かの別、報告文書であっても実質的証拠力が高いとされているもの（たとえば領収書や公文書）であるかなどを検討する。さらには、相手方により容易に反証されてしまわないかをも念頭におきながら、それら事実関係から上記の想定した訴訟物の請求原因事実が合理的に推認されるかを検討し

て、訴訟物の選択・確定に至ることになる。

（3）事実関係の整理

事実関係の立証可能性に関しては、事実経緯が比較的長期・複雑に及んでいるような事案では、時系列表を作成して、各事実を根拠付ける証拠とともに整理するのが適当である。

（4）訴訟物が複数成立する場合

同様の事実関係のもとで複数の訴訟物が成立する可能性があるときは、訴訟物たる請求権の法的効果が同じなら並列的・選択的に請求することが可能であるし、法的効果に相違があれば請求権に順位付けをして、主位的（第1次的）、予備的（第2次的）という形で請求することが可能である。ただし、可能であるからといって実際にそうするのが得策かは別である。裁判官が、原告は自己の主張に自信がないからたくさん並べているのだろうという印象をもちかねないからである。訴状の段階では、選択的に請求できる場合には、より立証が容易で認容される可能性が高いものだけに絞った方がよいし、法的効果に相違がある場合には、主位的請求だけにした方がよいことが多かろう。時機を逸しない限りは、訴訟の進行により必要に応じて主張・予備的請求を追加することも可能である。

実体法上両立し得ない請求権が想定されるときも、上記の主位的・予備的請求の例と基本的には同様である。

なお、どの訴訟物（請求権）が法的効果の点で有利であるかは、色々な面から検討する必要がある。たとえば、金銭請求であれば、金額が多くなる方がよいわけであるが、他方で請求できる相手方（債務者）が複数ある方が回収可能性が高いということもある。

裁判官はこう見る——訴訟物が特定されない例

訴訟物は、訴状の「よって書き」に端的に表されるが、これと請求の趣旨や原因の記載が整合していないことがある。

たとえば、請求原因には賃貸借契約の終了の事実が記載されてい

るが、よって書きは所有権に基づく明渡請求とされている例、請求原因には契約関係に基づく所有権移転の事実が記載されているが、よって書きは時効取得に基づく所有権移転登記手続請求とされている例（この場合は請求の趣旨も変わってくる）、請求原因には債務不履行の事実が記載されているが、よって書きは不法行為に基づく損害賠償請求とされている例などがある。

　複数の訴訟物が出てくる場合は特に難しい。たとえば、不法行為や不当利得が複数出てくる場合に、どの不法行為に基づいていくら請求をしているのか、もしくは同じ請求部分を複数の訴訟物に基づいて請求しているのかが曖昧なものは少なくない。

　その他にみられる例は「立替金請求」である。「AがBのために〇〇円を立て替えた、よって、立替金請求権に基づき〇〇円の支払を求める」という場合、訴訟物は何であろうか。「立替金請求権」との用語は実務上よく使われ、裁判例でも「立替金請求権に基づき……」とする例はあるためそれ自体誤りとは言い切れない。もっとも、理論的には、契約に基づく請求（代金支払事務の準委任と捉えることが一般的であろう）、事務管理、不当利得のいずれも成り立ち得る。このうちどれを採るかによって請求原因事実は変わるため、やはり訴訟物の特定は必要である。

　債権的請求であれば、その発生原因は、基本的に契約（合意）、事務管理、不当利得、不法行為である。これは民法の基本知識であるが、実務上非常に使える。契約に基づく請求か、その場合民法の典型契約のどれに当たるか、非典型契約であればどの典型契約に近いか、それぞれの当事者がどのような債務を負うのかは訴訟提起にあたって押さえておくべきであろう（それによって債務不履行の有無は異なり得る）。

裁判官はこう見る——訴訟物の名称

　訴訟物の名称として、実際に使用された契約の名称をそのまま用いるかという問題もある。明確に典型契約に該当する場合はそれを記載することが考えられるが、そこまで明確でない場合は、実際の

契約の名称を（ある程度抽象化して）記載することが考えられる。たとえば、清掃契約に基づく清掃代金請求、広告出稿契約に基づく広告料請求といった記載であれば裁判所から指摘を受けないことが多いと思われる（ただし、これらがどの典型契約に近いかを検討しておく必要性はある）。訴訟物や事件名の記載（→ **II1(2)(e)**〔25頁〕）に悩んだ際には過去の裁判例も参考になる。

なお、事件名は訴状に記載されたものがそのまま採用されることがほとんどであるが、裁判所で事件名を修正することもある。

Check Point

□ 依頼者が何を望んでいるかを的確かつ合理的に把握する。

□ 条文、文献、判例・裁判例をチェックし、必要に応じて専門家のアドバイスを聞く。

□ 依頼者が実現を望んでいる権利で、その要件事実が立証可能なものを訴訟物とする。

□ 事実の立証可能性は、事実経緯を時系列表にするなどして整理する。

□ 訴訟物が複数成立する場合には、とりあえず一つに絞るか、最初から、並列的・選択的、あるいは予備的に請求するかを検討する。

4　請求の趣旨

(1)一般的注意

請求の趣旨記載の意義一般については、前述したほか、司法研修所編『10訂 民事判決起案の手引〔補訂版〕』等を参照されたい。

より具体的かつ網羅的な文献としては、岡口基一『要件事実マニュアル〔第6版〕』や、弁護士法人佐野総合編『主文例からみた請求の

趣旨記載例集』などがある。

（2）給付訴訟

（a）**抽象的に**　給付の法律的な性格または理由を含まない抽象的な表現を用いる。「1000万円を支払え」とすべきであり、「損害賠償金1000万円を支払え」などとはしない。

（b）**被告複数の場合**　複数名の被告に対する金銭請求などにおいては、各被告の義務の範囲（連帯など）を明確にしなければならない。岡口・前掲書・第1巻82頁以下、弁護士法人佐野総合編・前掲書10頁以下に詳しい。

　連帯債務・不真正連帯債務の場合は「連帯して」、不可分債務の場合は「各自」とするのが最近は好ましいとされているようである（連帯債務の場合に「各自」としても間違いではない。司法研修所編『10訂 民事判決起案の手引〔補訂版〕』12頁以下）。

（c）**遅延損害金**　利率は訴訟物により異なる。平成29年の民法改正により、民事法定利率が変動制に変わり、商事法定利率は廃止された。特別法にも注意が必要である。たとえば、一定の場合の下請代金（下請法4条の2）、退職労働者の未払賃金請求（賃金支払の確保等に関する法律6条）、地代増減額請求（借地借家法11条2項但書、3項但書）など。約定がある場合はそれによるが、法律で制限されていることがある（利息制限法や消費者契約法等）。

　起算日については法文や判例理論をふまえ、（催告したことを要件とする場合などもあるので）立証の難易をも考慮して、一番有利なものとするのが原則であろうが、依頼者が特に拘っていなければある程度は代理人の裁量に属するといえよう。もっとも、依頼者からすると「勝手に請求金額を減らされた」と感じられるところでもあり、今後はこの点についての考え方も弁護士側に厳しくなっていくことが考えられる。特に、交通事故による損害賠償請求などでは、自賠責保険金等の内金受領時までに生じたいわゆる確定遅延損害金の請求が広く行われるようになっているから（日弁連交通事故相談センター東京支部編『民

事交通事故訴訟　損害賠償額算定基準（下巻）』（2021年）223頁）、起算点のみの問題にとどまらない。

（d）代償請求　　物件の引渡しを求めるが（引渡請求）、その存在が不明などの理由により強制執行が功を奏しないときに備えて、引渡請求に併合して履行に代わる損害賠償（代償請求）を提起することができる（単純併合となる）。本来請求が執行不能となり得るものでないと代償請求は不適法である。意思表示をなすべき債務の履行請求は（判決の確定等の時に意思表示したものとみなされるので）執行不能となることがなく、代償請求はできない。

（e）登記手続請求　　（ⅰ）判決があってもそのとおり登記できるとは限らない　　登記訴訟では、判決があるからといって法務局が登記してくれるとは限らない。定評のある文献（藤田耕三＝小川英明編『不動産訴訟の実務〔7訂版〕』など）にあたり、かつあらかじめ司法書士に請求の趣旨どおりの主文で登記できるかを確認してもらう（必要に応じて、司法書士から法務局に確認してもらう）ことが必要である。

（ⅱ）登記手続請求訴訟　　「○○登記せよ」でも意味は通じるが、登記するのは登記官なので「○○登記手続をせよ」と記載するのが正しい。登記訴訟、登記請求訴訟といわれるが、その意味では「登記手続請求訴訟」というのが相応しい。もっとも、登記の抹消承諾請求のように「○○登記の抹消手続を承諾せよ」という類型もある。

（ⅲ）抹消登記手続請求　　例「被告は、別紙物件目録記載の土地について、別紙登記目録記載の所有権移転登記の抹消登記手続をせよ。」

抹消登記手続請求の場合、少なくとも実務上は「原告に対し」は要らない。

抹消の対象となる登記を特定しなければならない。特定は、物件と、登記の名称、登記所の名称、受付年月日、受付番号による。物件の表示を別紙物件目録に譲り、登記の表示を別紙登記目録に譲ることがある。上記はその例である。物件目録の記載方法については前述した。

登記原因およびその日付の記載は不要であるとされているが、後発的な実体上の理由に基づく抹消の場合は登記原因およびその日付を示すべきといわれている。たとえば抵当権設定登記の抹消登記手続請求では、「令和○年○月○日弁済を原因とする抹消手続をせよ」などとされている。

（iv）**移転登記手続請求**　例「被告は、原告に対し、別紙物件目録記載の土地について、令和○年○月○日売買を原因とする所有権移転登記手続をせよ。」

抹消登記手続請求と異なり「原告に対し」が入る。

登記原因およびその日付の記載を要する。

（v）**その他**　各訴訟類型につき、藤田＝小川編・前掲書、新井克美『判決による不動産登記の理論と実務』や幸良秋夫『設問解説判決による登記〔改定補訂版〕』などの定評のある文献にその都度あたり、必要に応じて裁判例を確認して起案することになる。

（f）**作為・不作為請求**　作為・不作為の具体的内容を特定する必要がある。ただし、不作為請求につき、東京地判平成4・3・30判時1440号98頁がある。

（g）**強制執行が予想される事件**　強制執行が予想される事件では必要な執行力が得られるような請求の趣旨にしなければならない。明渡・引渡請求訴訟ではその対象となる物件の特定には十分留意が必要である（なお、物件の特定のみならず、不動産の明渡請求訴訟などでは誰を被告とするかも問題となることがある。大阪地裁執行実務研究会編『不動産明渡・引渡事件の実務』27頁以下参照）。作為請求の場合は、認容された請求を代替執行または間接強制の方法で執行できる程度に請求する作為の内容・態様を具体的に特定する必要がある。

（3）確認訴訟

例1「原告が別紙物件目録記載の土地につき所有権を有することを確認する。」

例2「原被告間の令和2年1月20日の消費貸借契約に基づく原告

の被告に対する 1000 万円の債務の存在しないことを確認する。」

文末は「確認せよ」ではなく、「確認する」である。被告に確認してもらうのではなく、原被告間の法律関係等を裁判所に確認してもらうからである。「被告に対し」も不要である（確認の意思表示を求める給付請求と紛らわしいから付けるべきではない）。

債務の存在または不存在の確認を求める場合には上記の例のように発生原因を明示する。不法行為による損害賠償債務の不存在確認の場合は、「別紙記載の交通事故による損害賠償債務が存在しないことを確認する」などと記載する。

確認訴訟では確認の利益が必要であり、文献・裁判例もふまえて事前に十分検討すべきである。

確認の対象の特定が必要である。権利の主体、目的、権利の種類のほか債権であるときはその発生原因の明示が必要であり、金銭債権の確認を求めるときは債権の一定金額を表示しなければならないのが原則であるが、債務不存在確認請求では例外もある。

（4）形成訴訟

例 1「原告と被告とを離婚する。」

例 2「被告から原告に対する○○地方裁判所令和○年第○○号○○
　　　請求事件の判決に基づく強制執行はこれを許さない。」

判決によって法律関係を直接発生、変更または消滅させることを目的とする訴訟であるから、形成される法律関係を明確に表示する必要がある。

給付請求や確認請求と紛らわしくならないようにしなければならない。例 1 で、「被告は原告と離婚せよ」としたり、例 2 で「被告は、……強制執行をしてはならない」としたりするのは不適切である。

（5）不動産等の事項の特定の仕方

請求の趣旨は特定されなければならないから、請求の趣旨中に登場する事項についても特定が必要である。不動産は登記事項により特定

するのが原則であるが、未登記の場合や、現況が登記と異なる場合もある。物件目録のところでも述べたが、一筆の土地、一棟の建物の一部であるときは、図面を用いて、「別紙図面のアイウエオアの各点を順次直線で結んだ線で囲まれた範囲の部分○○平方メートル」などとするが、斜線部分として示すこともある。建物の一部を示す場合に、（建物の表示を記指したうえで）「……のうち、2階東側部分の○○平方メートル（ただし、別紙図面斜線部分）」とする例である。いずれにせよ特定に欠けないように注意しなくてはならない。図面を用いる場合、古いアパートの居室の明渡し請求などで建築図面がないと新たに図面を作成する必要が生じることもある。自動車など登録制度があるものは登録事項によることとなり、株式、預貯金などは定型的な目録記載例があるが、動産や債権などは、何をどの程度書いたら特定されることになるか、その都度、文献・裁判例を参照しながら検討することになろう。

（6）一部請求

　民事訴訟法の教科書を参照されたい。なお、債権の一部請求の場合の時効障害事由との関係については改正民法をふまえた整理が必要である。

裁判官はこう見る──請求の趣旨の記載方法

　請求の趣旨は記載方法に一定のルールがあり、処分権主義も適用されることから、記載例、先例に当たることは重要である。

　よくある間違いとしては、被告A、Bに対し、それぞれ（連帯して）100万円ずつ請求をしたいのに「被告らは、原告に対し、100万円を支払え」としてしまう例である。この場合、被告Aに50万円、被告Bに50万円を請求するものと解されている（本文**4(2)**(b)被告複数の場合の注意点〔38頁〕）。

　登記手続請求についても注意が必要である。裁判所は必ずしも登記実務に詳しいわけでなく、適切に補正をして判決をしてくれると

は限らない。判決はもらえたが登記ができないとの事態は十分起こりうる。裁判所（書記官）から法務局に問い合わせる例もあるかもしれないが、基本的には原告に対し「この請求の趣旨通りで登記できるか、原告代理人の方で確認をしてください」と言われることが多いであろう。

　また、請求の趣旨に「別紙物件目録記載の……」などと別紙を引用する場合、その別紙は請求の趣旨の一部であるから、正確な記載が必要となる。

　加えて、一筆の土地の一部の明渡しを求める場合には、再現性があるよう図面上での特定をするなど、そのとおりに執行ができることを確認しておく必要がある。

Check Point

□給付、確認、形成の各訴訟類型にしたがって、請求の趣旨の記載に注意する。

□給付訴訟では、請求の趣旨には法的性質や理由を含まない抽象的な表現を用いる。

□判決後の執行や登記が可能か確認する。被告欠席が予想される事件では特に注意する（訂正の機会がない）。

□登記手続請求では、必要に応じて司法書士への確認などをする。

□被告複数の場合の記載方法に注意する。

□遅延損害金の起算日・利率につき、最も有利なものを選ぶ。

□確認訴訟では、確認の対象の特定ができているか。

□形成訴訟では、形成される法律関係が明確になっているか。

□請求の趣旨中に登場する事項、たとえば不動産の特定などに問題がないか。

5　請求原因事実

(1)請求原因はなぜ必要か

　請求原因は、請求特定のためと、請求を理由付けるための二つの意味で必要であるが、請求を理由付けるため、すなわち攻撃防御方法としての請求原因が漏れなく記載できていれば請求特定も果たされることになる。

(2)請求原因事実

　定型的事件を除くと、その都度、条文と文献に当たるべきである。

　網羅的・一般的文献として、新人弁護士が現に揃えていることが多いであろうと思われるものとしては、岡口基一『要件事実マニュアル〔第6版〕』がある。

　より抽象的に、具体的事実をどこまで書けばよいかについては、司法研修所編『8訂 民事弁護の手引〔補訂版〕』などを参照されたい。

　なお、何が請求原因事実で、何が抗弁事実、再抗弁事実かは解釈が分かれる可能性もあり、請求原因事実だと思って主張を控えていたら主張責任を果たしていなかったということにもなりかねないことに注意が必要である。

(3)黙示の意思表示、規範的要件などの場合

　具体的な評価根拠事実の主張が必要である。さらには、そう評価すべき経験則、社会通念、取引通念なども主張する必要がある。

(4)項目分け、見出し・小見出し

　原則として、法律要件ごとに項目を分け、見出し・小見出しを付すのが望ましい。裁判官が読んで、この法律要件について、原告は具体的にはこういう要件事実の主張をしているのだなとわかるようにするためである。また、要件事実の主張に漏れがないようにするためにも有用である。

(5)なるべく明確に記載すること

　日付など、「○日頃」「遅くとも○日までに」で足りる事件、そう主張せざるを得ない事件もあるが、可能な限り特定すべきである。契約

書の日付と、実際の契約日が異なるという場合などには、そう述べる依頼者の記憶が思い込みの場合もある。裏付けがあるか検討を要する場合もあろう。

(6)各当事者が複数の場合

　複数の被告に対する請求原因が異なる場合には、各請求原因が不明確にならないように各別に記載するのが原則である。要件事実が共通な部分は各別に記載する必要まではないが、異なる部分は項目を分けて記載するなどして、明確にする必要がある。

(7)証拠の引用

　前述（14(5)〔19頁〕）のとおり、訴状記載に限らず事実主張をする場合、直接証拠があれば引用し、間接事実から推認されるべきものについてはその間接事実と推認にあたり用いられるべき経験則を意識し、必要に応じてそれらも記載する。

(8)「よって書き」

　請求原因の最後（間接事実・事情を請求原因事実と項目を分けて主張する場合には、請求原因事実の最後＝「間接事実・事情」の前）に、原告が訴状においていかなる権利または法律関係に基づいてどのような請求をするのかを結論的に記載したものを「よって書き」という。最後に訴訟物をもう一度端的に示すことになる。これにより請求の趣旨と請求原因とを関連付けるのであり、「よって、請求の趣旨記載のとおりの判決を求める」といった記載は本来の「よって書き」ではない。一見してどのような権利・法律関係に基づく請求をしているのかわかる場合は別として不十分である。「よって書き」がなくても訴状の必要的記載事項としては欠けるところはないが、最後に訴訟物を示すことで、請求原因事実の記載を振り返ることになり、漏れや間違いを見落とすことを防ぐことにもなる。

　「よって書き」には遅延損害金等の付帯請求の法的根拠、その起算日（なぜその日から起算されるのか）なども記載するのが一般的である。遅延損害金等については（「よって書き」以外の）請求原因に請求根拠

が明示されないことも多いので、そのような場合には「よって書き」に記載することはむしろ必要的である。

（a）**別紙、別表等の引用**　請求原因事実（主要事実）に複雑なものがある場合には別紙、別表等で整理して引用することも有用である。主要事実であるから主張が必要であり、別紙等に記載するだけでなく、本文中で引用して主張するのが原則である。建築確認訴訟における瑕疵一覧表など、裁判所がそのような書式を推奨している場合には、訴訟が始まってしまえば、そこに記載さえすれば準備書面で主張したのと同様の効果が生じることとなると思われるが、訴状の段階では、（被告が本人訴訟の場合もあり得るから、単なる整理ではなく主張事実であることがはっきりわかるように）本文中で引用して主張すべきであろう。

前述のとおり、裁判所によっては特定の事件について「表」を用いての主張が推奨されていることがある。たとえば、東京地裁では、建築訴訟につき「瑕疵一覧表」を用いたり、交通事故訴訟につき「事案の概要」「損害額一覧表」を用いたりする例がある。

法的には必要的ではないが、人間関係が入り組んだ事件や時系列が込み入っている事件では、親族関係図や時系列表を添付することも有用である。特に親族関係訴訟や、請求原因中で何代も相続がなされていることにふれざるを得ない事件などでは親族関係図は必要的というべきである。

いくら別紙・別表が有用だからといって、単に、本文記載を繰り返すだけのような別紙・別表は避けるべきである。裁判官や相手方代理人からすれば、同じものを二度読まされる感じになるからである。逆に、理解の助けとするつもりで、技術を駆使して精緻な表を作成、添付しても、それ自体の読解に難渋するようであれば意味がない。そのような表を出したければ、訴状段階ではなく、訴訟進行の度合いを見計らって検討すべきであろう。

裁判官はこう見る——わかりやすい請求原因事実の記載とは

　裁判官にとっては、各事実がどの請求原因事実に関する記載であるかが明確なものが理解しやすいといえる。典型的な訴訟や直接証拠がある事例では、ある程度わかりやすく記載できる場合が多いと思われるが、そうでない場合に注意が必要である。

　たとえば、直接証拠として契約書があれば「〇月〇日に〇〇契約を締結した（〇〇を売った／貸しつけたなど）」と記載をすれば十分といえる。他方、契約書がない事例で同じ記載だけをしても、裁判官にはなぜその日に契約を締結したといえるか疑問が生じてしまう。そのため「重要な間接事実」を記載する必要が生じる。これは請求の原因（主要事実）と一体として記載されている場合と、請求の原因とは別に記載されている場合があるが、読み手が理解できればよいといえる。

　逆に、間接事実の主張はあるが主要事実の記載を欠く例も少なからずみられる。たとえば、契約成立を基礎づける前後の事情の記載があるが、これにより、いつ、どのような内容（双務契約であればそれぞれが負う義務）の契約が締結されたか明記されていない例である。

　同様に、債務不履行を主張する際にも、どの債務を怠ったのかを明記する必要がある。不法行為も同様に、加害行為と被侵害利益の特定が必要であり、加害行為が過失行為であれば、注意義務の内容とその違反を主張する必要がある。被告の行為の不当性を主張するばかりでこれらの記載がない例があるので注意が必要である。たとえば、被告の行為を列挙するのみで、具体的な義務内容およびその違反を明示することなく「このようにして被告は原告に多大な損害を与えたのであるから、債務不履行（不法行為）に基づく責任がある」といったものである。

6 「請求の原因」に記載する「請求原因事実以外のもの」

(1)間接事実等

　訴状の「請求の原因」には、訴訟物を基礎付ける要件事実、すなわち狭義の請求原因のほかに、重要な間接事実や、（事案によっては）紛争の背景事情などを記載するのが望ましい。それらは、「請求の原因」とは別に題名（「間接事実」「事情」や「紛争の経緯」「紛争の背景事情」）を立てて記載してもよいし、「請求の原因」に「よって書き」まで記載した後にそれに続けて、見出しを付けて記載してもよい（区別がはっきりしてわかりにくくなければ、間接事実の記載の後に「よって書き」を記載しても構わないであろう）。

　民訴規則53条2項は、「請求を理由付ける事実」（要件事実・主要事実）の主張と、「（要件）事実に関連する事実」の主張をできる限り分けて記載すべきと定めており、両者を截然と区別して記載すべきと説かれるが、実務上は厳密に分けて、全く別々に記載することはむしろ稀であろう。要件事実の主張であってもそこに関連する間接事実が記載されていた方が理解がしやすいという面もあるからである。ただし、裁判官や相手方から見て、要件事実と間接事実が容易に判別できるように記載されている必要がある。要件事実と併せて記載する場合でも、要件事実の主張と間接事実の主張で文章を分けるなどの工夫が望ましい。また、比較的長文で間接事実や経緯を主張する場合には、やはり項目を分けて記載すべきである。なお、請求原因事実（要件事実）と間接事実を分けて記載することで、要件事実の主張に漏れがないことがわかりやすいというメリットもある。

(2)事案の概要

　請求の原因の冒頭に、「事案の概要」などと題して、これはこういう紛争に関する訴訟ですと記載することがある。その後に続く請求原因の理解に資するので、多少複雑な事案では有用である。逆に、書かれなくてもわかるような事案では単に格好を付けているだけと思われてしまうであろう。

「事案の概要」は「よって書き」に似ているが、よって書きが法的に正確な表現でまとめるのに対して、「事案の概要」は（不正確ではいけないが）多少アバウトでもよいから読み手に紛争のイメージを抱かせるように工夫する必要がある。

(3) 当事者、事件関係者

　当事者の属性等は、請求原因として必要な場合もある（商人性が要件の場合など）。法的には必要でなくても、紛争の経緯を知るためには有用なことが多いので、取引紛争などでは記載されることが多い。訴訟当事者以外の関係者についても、冒頭に記載した方がわかりやすいことがある。

(4) 重要な間接事実

　（a）要件事実を肉付けする間接事実　　紛争の実態によるが、たとえば、要物契約としての消費貸借契約（民587条）に基づき貸金請求をする場合に「○年○月○日、金100万円を貸し付けた」で足りる場合と、どうやって金員が交付されたか具体的に主張しないと要を得ない場合とがあろう。具体的に主張されることにより、被告側も確認して争わないということもある。

　紛争は現実社会に生じる社会事象であり、多くの社会的事実が因果性をもって関連している。法律行為は人の行為である以上、行為主体の性格・感情などの主観的要因や、相手方やその当時の社会状況などの客観的要因の双方を考慮してその成立・効果を判断せざるを得ない。また、法律上の権利義務の存否は、それをめぐる社会環境、社会事象、人間性、動機などを離れて存在し得ない。そのような意味でも間接事実の主張が重要だとされるのであり（司法研修所編『8訂 民事弁護の手引〔増訂版〕』112頁）、要件事実として過不足さえなければよいわけではない。

　（b）要件事実を推認させる間接事実　　要件事実そのものを直接証拠により簡単に立証できる場合は、要件事実の主張とその直接証拠の引用だけで足りるが、間接事実からの推認により認定してもらいた

い場合には、訴訟の早期の段階から主張するのが基本である。もちろん、要件事実だけ主張したら相手方が認否で認めてくれるということもあり得るし、こちらが主張した間接事実を否定するような強力な証拠を相手方が出してくることもある。したがって、様子を見る趣旨で訴状の段階では控えるということもある。しかし、基本は、主張は出し惜しみしないことである。ユリウス・カエサルの言葉に、「人間ならば誰にでも、現実のすべてが見えるわけではない。多くの人たちは、見たいと欲する現実しか見ていない」がある。裁判官も人の子だから、心証形成をしてしまった後では、それと異なる事実・証拠が目に入らなくなる危険性がある。訴状で主張しないにしても準備書面中で早期に主張することが肝要である。ただし、必要性に乏しいことを延々と書くのもいけない。それはそれで大事なことがどこに書いてあるのかわからなくなってしまうからである。

(5)紛争の背景、事実経緯、交渉経緯、予想される争点

　事案によっては、重要な間接事実だけでなく、紛争の背景や事実経緯、交渉経緯、予想される争点等を訴状に記載することがある。訴訟の当初の段階で裁判官に事案・争点を的確に把握してもらうためである。また、裁判官は、判決とともに和解による解決も念頭においているから、背景事情をも理解してもらった方がよいということもある。

　ただし、この紛争の背景・事実経緯等は当然原告の立場に立った記述になるし、予想される争点も原告側からの予想になる。したがって、書きようによっては被告を必要以上に反発させることにもなりかねないことを念頭におくべきであろう。被告にも譲歩させて和解を目指すような事案では特に注意が必要である。

裁判官はこう見る──背景事情をどこまで書くか
　紛争の経緯・背景事情をどこまで記載するかは難しい問題である。骨と皮だけでは事案を理解できない一方、訴訟の当初から背景事情ばかり主張されては争点が絞りにくくなり困ることになる。

基本的には、主要事実、間接事実の組み立てと証拠が十分な訴状であれば、背景事情はシンプルでよいと思われる。背景事情は当事者間で認識に争いがあることも多く、主要事実との関係性が示されないままに激しい応酬がされがちな部分といえる。また、背景事情ばかり強調される訴状は、かえって正攻法では認容の難しい事案であるとの印象を抱かせる可能性もある。

　ただし、あまりに背景事情が少なく裁判官を不安に思わせることはよくないであろう。たとえば、所有権に基づく建物収去土地明渡請求訴訟において、「原告は本件土地を所有している、被告は本件土地上に建物を建てて占有している、よって、所有権に基づく妨害排除請求権として本件土地の明渡しを求める」と記載があるだけで、背景事情が全くない場合はどうであろうか。要件事実の記載は満たしているが、通常建物収去土地明渡しに至るにはそれなりの事情がある。

　また、一見典型的な訴訟にみえても特殊事情があるなど、その訴訟ならではの事情を理解してもらいたい場合は、紛争の経緯や背景事情として記載しておくことが考えられる。

　結局、どのような記載があると裁判官が理解しやすいかは具体的事案による。典型的な事象か、争点がどこになりそうか、当事者に特別な関係があるか等により記載すべき内容は変わるであろう。

（6）どこまで書くか（不利な事実を書くか）

　弁済の事実などは抗弁であるが、争いがないのなら訴状に記載するのが通常である。そうしないと訴額が大きくなって不必要に訴訟費用を納付することになるし、裁判所からは不当争訟とみられ、相手方からは詐欺的だと指摘されるおそれがある（場合によっては弁護士倫理上の責任を追及されるおそれさえある）。

　そのほかに自己に不利な事実を訴状に記載するかは悩ましい問題である。自分の弱みをあらかじめ晒して裁判官に印象づけることは意味がないが、そうかといって、被告から反論されるとたちまち腰砕けに

なるような主張構成では、裁判官に「なんだ、全然違うじゃないか」と思われかねない。

　不利なことはあらかじめ書かないのが原則ではあろう。ただし、訴訟前の交渉経緯などからして相手方から主張されることが明らかな主張については、それを記載した上で先回りして反論することもあり得る。予想される積極否認に該当する事実の反証をあらかじめしておく、あるいは抗弁を先行自白して再抗弁を主張するのはその例である。特にその反論が功を奏するという自信がある場合は、そうした方が訴訟が迅速に進むし、裁判官の事案把握にも資することになる。

　反論に自信はないがあらかじめ書かないのも据わりが悪いという事案もあろう。たとえば、貸金請求で被告は弁済を主張しており、確かに被告の主張しているような金員の授受はあったが、それは別口の支払であり、当該貸金に対する弁済ではないという事案で、別口の支払であることの確たる証拠がないという場合はどうすべきか。人により考え方は色々であろうが、訴訟前の交渉経緯で被告から主張されていることであれば、訴訟で主張されることも確実なのであるから、あらかじめ争点として提示する意味で訴状で記載してしまうのもおかしなことではない。裁判所も主要な争点として双方の主張・立証に注意してくれるであろう。ただし、訴状への記載の仕方には注意が必要であろう。原告がもっている証拠はこれしかないとわかるような書き方だと、被告が自信をもってしまうからである。なお、訴状に記載せず、被告が弁済を主張している旨の証拠だけ提出するというやり方もある。たとえば、交渉経緯において被告側が通知書・連絡書面等において弁済を主張しているときにはその書面を書証提出だけはしておくのである。フェアな印象を与えることはできるであろう。いずれにせよ、訴訟提起時に不利な事実を覆す証拠がなければ引き続き有利な証拠を探すべきである。

裁判官はこう見る──よくない訴状の例

⑴欠席判決を書けないもの

　被告が答弁書を出さずに欠席をすれば擬制自白が働き、通常は調書判決〔5頁参照〕により請求の趣旨どおりの認容判決が出される（ただし、慰謝料額は裁判所の判断事項であるとして、判決書を作成して判断する例が一般的であろう）。

　裁判所は、被告が争わなければ欠席判決ができるかとの視点で訴状審査をしており、欠席判決ができないものはよくない訴状の例といえる。

　たとえば、訴訟物の特定がない例、請求の趣旨がおかしい例、請求原因事実が足りない例が挙げられる。訴訟物、請求の趣旨、請求の原因の箇所で言及した各注意点に対応するが、たとえば、不法行為が特定されていない例（不法行為の時期の特定がない例、被告の悪質な行為を列挙するものの結局どの行為を不法行為としているか明確でない例）、不法行為か債務不履行か不明確な例、物権的請求か債権的請求か不明確な例、連帯保証の書面要件の記載（改正民法下では公正証書等の要件が必要な場合もある）を欠く例、解除の意思表示の記載を欠く例、損害が一見して二重計上されている例、遅延損害金の発生始期が理論上認められる始期よりも前である例（後ろであれば一部請求と捉えられる）などがある。

⑵構成が複雑であるもの

　訴状では、原告の主張と証拠によって認容判決を書けると思わせることが重要である。そのためには、できるだけシンプルな構成が望ましい。複雑な構成を取るものは、果たしてそのとおりの判決を書けるか疑問を抱かせる。間接事実の主張も訴状段階ではシンプルな方が望ましいといえる。訴状段階であまり詳細な主張がされると、この間接事実のすべてが認定されなければ主要事実が導けないとの印象を受けることもある。

(3)「だれが」「いつ」「誰に対して」の記載を欠くもの

　判決の事実認定においては、基本的に、時系列、行為主体、行為の相手方の特定が必要であり、「Xは、○日、Yに対して、○○をした」との形が基本といえる（「○日、契約に基づき登記が設定された」など行為主体が影響しない場合は別である）。事実の前後関係が判断のポイントとなることも多いため時系列（物事の前後関係）は非常に重要である。本人が明確に覚えていない等の理由で、当初段階では曖昧に記載せざるを得ないこともあると思われるが、あくまで裁判所としては特定してもらいたいと考えているのである。

　一般的な日本語の文章では、主語を抜くことや無主物を主語とすることで読みやすくなるものの、裁判書類では、「だれが」「いつ」「だれに対して」は常に意識しておくべきことといえる。

(4)評価の入り交じる事実主張がされるもの（認否がされにくい書面）

　事実の主張と評価が入り交じる書面は認否がされにくい。相手方から「全体として争う」などとされることもある。これでは裁判所も争点を整理しにくくなる。相手方から認否を引き出すためにも、事実と評価は分けて記載すべきである。

　また、判決では、具体的事実が認定された上で、それが評価されるのが基本である。たとえば、「原告は被告に対し、ことあるごとに契約書の作成を求めた」、「被告はこちらの指摘に十分に対応しなかった」、「これまでも支払をしてくれないことがよくあった」といった主張はどうであろうか。陳述書や尋問で原告が同内容の供述をしても、このままでは認定できないであろう。できる限り「誰が」、「いつ」、「誰に対して」何をしたのかを特定して事実主張をした上で、その評価を記載をすることが基本といえる。

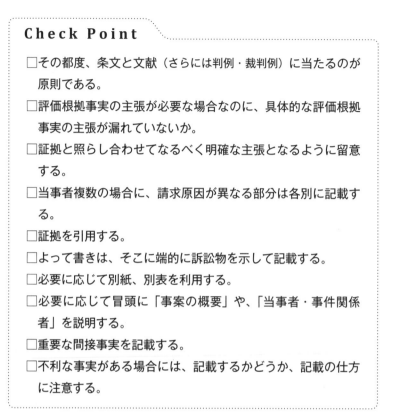

Check Point

□その都度、条文と文献（さらには判例・裁判例）に当たるのが原則である。

□評価根拠事実の主張が必要な場合なのに、具体的な評価根拠事実の主張が漏れていないか。

□証拠と照らし合わせてなるべく明確な主張となるように留意する。

□当事者複数の場合に、請求原因が異なる部分は各別に記載する。

□証拠を引用する。

□よって書きは、そこに端的に訴訟物を示して記載する。

□必要に応じて別紙、別表を利用する。

□必要に応じて冒頭に「事案の概要」や、「当事者・事件関係者」を説明する。

□重要な間接事実を記載する。

□不利な事実がある場合には、記載するかどうか、記載の仕方に注意する。

［加戸茂樹］

III…答弁書

ノボル弁護士の独り言

　被告事件は、第1回期日には追って認否の答弁書だけ出し、第2回期日には請求原因の認否をし、第3回期日に被告の主張をすれば、ゆっくり考える時間もできて良いですよねって姉弁に言ったら、白い目で見られてしまった。ダメなのかな？

1　答弁書

(1)答弁書とは

　答弁書は、被告が最初に提出する準備書面であり、訴状に記載された請求の趣旨に対する答弁や請求原因に対する認否を記載したものである。なお、上訴審において控訴状等に対する答弁を記載した準備書面も答弁書というが、第1審と区別するため「控訴答弁書」などと記載することも多い。

(2)答弁書の形式

　形式は民訴規則2条1項に従う。被告が最初に出す書面であるので、一般には送達場所の届出（民訴104条1項、民訴規42条1項）を兼ねて、被告代理人の事務所所在地・電話番号等も記載し、その事務所所在地の記載に「（送達場所）」と付記することが多い。

2　答弁書のパターン

(1)本案前の申立てをする場合

　管轄違いの抗弁については、被告が本案につき弁論をし、または弁論準備手続において申述をしたときは、ほかに法定の専属管轄がない限り応訴管轄が生じてしまう（民訴12条、13条1項）。仲裁契約の抗

弁や訴訟費用の担保提供の申立てなども本案について弁論等をしたときは主張・申立てができない（仲裁14条1項3号。また、民訴75条3項は担保を立てるべき事由があることを知った後について、そのように規定する）。このような場合は、請求の趣旨に対する答弁に先立って、「本案前の答弁（申立て）」と題して別項を立てて主張・申立てをする。

　訴訟要件の欠缺があって訴え却下を求める場合なども「本案前の申立て（答弁）」と題して、訴え却下を求めるなどするのが一般的である。本案につき弁論等をした後でも主張が許されるもの（職権調査事項で、職権発動を求めるだけのものなど）であっても、判断の順序として本案についての判断に先行して検討されるべきという意味で「本案前の」と題して申し立てることになる。

　いずれの場合も、なぜ本案前の答弁（申立て）をするのか根拠を示す必要があるから、「本案前の答弁（申立て）」とは別に「本案前の答弁（申立て）の理由」と題して項を立てて、その理由・根拠を主張することになる。記載の順序は、「本案前の答弁（申立て）」→「請求の趣旨に対する答弁」→「本案前の答弁（申立て）の理由」（または「本案前の主張」）→「請求の原因に対する認否」の順でもよいし、「本案前の答弁（申立て）」→「本案前の答弁（申立て）の理由」（または「本案前の主張」）→「請求の趣旨に対する答弁」→「請求の原因に対する認否」の順でも良いであろう。

（2）一般的なパターン

　本案前の答弁（申立て）をする場合は別として、通常は、「請求の趣旨に対する答弁」において請求棄却を求めるとともに付随的な申立てをし（訴訟費用負担の申立て、仮執行免脱宣言の申立て）、続いて、「請求の原因に対する認否」をし、さらに、抗弁等の「被告の主張」を記載するというのが一般的な答弁書のパターンである。

　もっとも、被告側の事案調査や準備の都合などで、それら全部を行えないこともある。そのようなこともあって、答弁書にはいくつかのパターンがあり、事案・事情に応じて使い分けられているといえよう。

（3）「請求の趣旨に対する答弁」＋「請求原因に対する認否」＋「被告の主張」

　上記の一般的なパターンであり、本来はここまで記載するのが望ましい。裁判所・相手方において早期に争点を把握できるからである。また、訴状で請求原因のほかに重要な間接事実の主張もされ、重要な書証も提出されている場合などには、裁判官の心証が原告に傾きかけていることがある。これを早期に取り戻すためには被告側でも早期に主張し、証拠提出することが必要である。しかし、受任後間もないときや、事案が複雑であったり、被告本人の記憶等が曖昧であったりして事実関係の整理に時間を要するときは、そこまでできないことも多い。

（4）「請求の趣旨に対する答弁」＋「請求原因に対する認否」

　請求原因の認否まではするパターンである。

（5）「請求の趣旨に対する答弁」＋「請求原因は追って認否」

　裁判所や相手方にとっては、実質的な意味に乏しい答弁書になる。第1回口頭弁論期日は次回期日を決めるだけになる。なるべく避けるべきであるが、無理に慌てて認否したところ、後日よく確認したら間違っていたなどということもあるので（みっとも悪いだけではなく、被告の主張の信用性に疑念を持たれかねない。さらには、一旦自白が成立すると撤回には制限がある）、少し時間をかけて調査・整理したいときなどは認否を追ってすることもやむを得ないであろう。この場合、第2回期日までには請求原因の認否をするとともに被告の主張もすべきである。第2回期日で認否をし、第3回期日で漸く被告からの主張をするというのでは、引き延ばしているという印象をもたれかねない。

　なお、請求原因に不明確なところがある場合などは、釈明を求め、認否は追ってとすべきである。

（6）（4）や（5）のパターンに「被告主張の概要」や「予想される主要な争点」記載

　請求原因の認否がされない場合はもとより、（事案にもよるが）認否

だけされても、裁判所には今後の訴訟進行が予想できない場合がある。「被告主張の概要」や「予想される主要な争点」などと題して、被告としてはどの点を主に争い、どのような主張をする予定で、また何が主たる争点であると認識しているかを記載することがある。交通事故訴訟で、請求原因の認否は追って認否としつつ、「被告は、責任論は争わないが、損害論は争う予定であり、特に休業損害が主要な争点となると思われる」などと記載するのがその例である。

> 裁判官はこう見る──三行答弁
>
> 　実務上、いわゆる三行答弁（本文**(5)**「請求の趣旨に対する答弁」＋「請求原因は追って認否」〔58頁〕）がされる例は少なくない。裁判官はこれを歓迎はしないであろうが、代理人に事情があることは理解している。もっとも、裁判官によっては第1回から実質答弁を求めることもあるので注意が必要である。訴状送達日、委任状の作成日、事前交渉段階で代理人はついていたか等を記録上確認している裁判官もいる。仮に第1回期日は三行答弁となった場合も、これらの事情から第2回期日を近い時期に設定されることもある。いずれにしても、第2回期日に「被告の主張」が出てくることは大前提であり、特別な事情がない限り、第2回に主張が出なければ主張しあぐねているとの疑念を生じさせる。
>
> 　第1回期日で認否のみの書面が出される例もあるが、認否だけをみても被告の主張はつかめず、認否と被告の主張は同時に読みたいと考える裁判官は多いと思われる。答弁書提出までにできる限りのことをやったと示す意味はあるものの、裁判所の心証形成との関係では、認否のみの書面を先に出す必要はそれほどないように思われる。
>
> 　なお、被告が答弁書を提出せずに欠席をすれば擬制自白を成立させて欠席判決となる。なにかのトラブルで誤ってこのようなこととならないよう、答弁書提出がぎりぎりになる場合は裁判所に電話を一本入れておくと安心である。期日直前になっても答弁書が出てこ

ない場合、裁判官は「この事案で欠席判決をしてよいものか」と悩んでいることもある。仮に一審が欠席判決で終わっても控訴がされれば高裁で一からの審理となるためである。なお、一見争いのありそうな事件で答弁書が出ない場合、終結はするものの、判決言渡しを通常より少し先にし、被告から再開の申出があれば再開する旨を原告にアナウンスすることもある。事案によっては原告から「相手方と連絡を取るのでもう一期日」と要望されることもある。

3　本案の答弁（請求の趣旨に対する答弁）と付随的申立て

(1)請求棄却の申立て

　請求を認諾する場合は別として、原告の請求を争うのが通常であろうから、「原告の請求を棄却する」との判決を求めることになる。原告が同一の被告に対し数個の請求を併合した場合には、「原告の請求をいずれも棄却する」との判決を求める。

(2)付随的申立て

　（a）訴訟費用負担の申立て　　申立てがなくても裁判所は職権で訴訟費用の負担について裁判しなければならないので（民訴67条）、申立ては必須ではないが、「訴訟費用は被告の負担とする」と申し立てるのが通例である。被告が複数のときは「……は被告らの負担とする」とし、連帯債務またはこれに準ずるものの給付訴訟の場合は、「……は被告らの連帯負担とする」とする。

　（b）仮執行免脱の宣言の申立て　　裁判所は申立てにより、または職権で担保を供して仮執行免脱宣言をすることができるので（民訴259条3項）、その申立てをすることがある。ただ、敗訴の場合に言及するのが弱気な印象を与えることを嫌ってか実務上申し立てられる例は比較的少ない。交通事故訴訟では、被告側の任意保険会社の意向で申し立てられることが多いが、実際に免脱宣言がなされることはほとんどない。このように金銭請求においては申し立てても免脱宣言がなされることはほとんどないことに加え、判決言渡後でも執行停止の途

があることが、申立てが少ないことに繋がっているのであろう。ただし、不動産の明渡請求訴訟などでは仮執行宣言がなされないこともあると言われている。免脱宣言を申し立てる場合は「仮執行の宣言をすることは相当ではないが、仮にその宣言をする場合には、仮執行免脱の宣言を求める」などと記載する。特殊な事情があって、仮執行宣言がなされることをどうしても避けたいのであれば、単に免脱宣言の申立てをするだけではなく、仮執行宣言が相当でない理由を具体的に主張すべきであろう。

4　請求の原因に対する認否
(1)認否の意義

　原告主張の要件事実や重要な間接事実について、被告としてどの点を認め、どの点を争うのか明らかにすることである。証明の対象が明らかとなる。認めるときはそれが要件事実であれば自白が成立して証明の対象から外れ、間接事実であっても、認否が裁判所を拘束することはないものの、当事者に争いのない事実として判決の基礎とされることが多いであろうから事実上証明の必要性が後退する。

　　裁判官はこう見る──認否の重要性
　　認否は心証形成に重要な影響を与える。裁判所の事実認定では、動かし難い事実を確定し、動かし難い事実Ａと動かし難い事実Ｂがあれば、事実Ｃもあるであろう、と前後を埋めていくことがよくある。そして、当事者間に争いのない事実は動かし難い事実の一つである。裁判官からみると、「意外にここは認めるのか」と思うことは少なからずあり、それが結論に影響することもある。すなわち、認否ではどこを認めるかが非常に重要である。
　　もちろん、実際に存在する事実を否認することはできないが、認否は答弁書提出までの時間がない中で行う必要がある一方で、判決に影響するものであり、被告の頑張りどころである。

（2）認める

　上記のとおり主要（要件）事実について自白が成立すると（民訴179条）、立証を要しなくなるだけではなく、裁判所の事実認定を拘束する。そして、（主要事実の）自白の撤回には相手方の同意を得るか、または、自白が真実に反し、かつ錯誤に基づいてなされたことを証明する必要がある。したがって、「認める」と認否する場合には、良く検討して慎重にするべきである。特に、訴訟に不慣れな依頼者の場合には単に事情聴取によるだけではなく、客観証拠をも確認してから認否すべきことも多い。概ね認められるけど、知らないところもあるような場合に「概ね認める」と認否する例があるが、自白とされてしまうか、そうでなくても積極的に争っていないと捉えられるであろうから、自白になっても構わないとき以外は避けるべきである。「概ね認める」でもよいのは、争点とあまり関係がない長々とした経緯（間接事実）の主張に対する認否であろう。要件事実について「概ね認める」などと認否しても、認否を明確にせよと釈明されるだけである。

するあまり、ごく一部を否認するために「○○の事実、○○の事実、○○の事実は認め、その余は否認する」と認否が長くなることがある。これは訴状の一文が長いことも一因であるが、読み手側からすると、ごく一部のみ否認している場合などは、臨機応変に「○○は否認しその余は認める」と記載してもらう方が読みやすいと思うことはある。

（3）否認する

　「否認」も後述の「不知」も、事実主張を争うことには変わりないが、相手方の主張が真実ではない、または存在しないという事実上の陳述が「否認」である。被告自らが関与した事柄でそのような事実がないのであれば「否認」する。自らが関与していない事柄であっても、事柄の性質などからそのようなことがあり得ないはずだというときも（「不知」としても構わないが）「否認」する。実際に借りたかどうか見たことも聞いたこともないが、亡父がそんな金を借りたはずがないというときに「否認」するというのがその例である。

　否認する場合には、否認の理由も記載しなければならないことになっている（民訴規79条3項。「積極的否認」「理由付否認」などといわれる）。記載しなくても否認として取り扱ってはくれるが、ただ否認しているだけだと思われて裁判官の心証は不利になるおそれがある。否認の理由は、簡単な例としては、「○○の事実は否認する。被告は当日は当該建物に赴いていない」などと認否に「付陳」する形で記載すれば良いが、理由がある程度の分量になる場合は、「被告の主張」として別項を立てて記載した方がわかりやすい。

裁判官はこう見る──否認の理由をどう読むか
　否認の理由をどこまで詳細に記載するかは難しいが、おそらく多くの裁判官は、詳細は被告の主張で読むので、認否欄の否認の理由は短い方がよいと考えている。認否欄では原被告のストーリー、立

場の違いをおおまかに確認し、詳細は被告の主張欄で確認するのが一般的な読み方であろう。認否を把握する作業は根気がいるし、おおまかなストーリー把握のためには一気に最後まで確認したいため、否認の理由はあくまで全体のストーリーを把握しやすくするレベルで記載すればよいであろう。

たとえば、「……は否認する。被告が受領した金銭は貸金でなく贈与である」という程度で理解はできる。「……は否認する。被告は金銭を受領したが、それは原告から○月頃に連絡があり、運転資金を援助すると言われたからである。原告と被告は十年来の友人関係であり、被告が金銭を援助したこともあった。したがってこれは贈与である」などと記載されると、認否の全体把握ができず思考が途切れてしまう。

（4）不知（知らない）

不知の陳述は、相手方の主張事実を争ったものと推定される（民訴159条2項）。自らが関与していない事柄で事実関係が不明なときは「不知」とする。否認の理由と同様、通常知っていて当然の事柄であれば、「不知」とする理由を記載すべきである。たとえば、会社が被告の訴訟で、訴訟前の交渉において当該会社の担当者の発言について、現にその担当者が在籍しているのに単に「不知」と認否するのは（確認すればわかるはずだから）不自然な感を与えるであろう。

裁判官はこう見る――不知答弁は不利に扱われるか

多くの裁判官は、認否が不知であるからといって、直ちに自信のない認否とは捉えないと思われる。やはり、本来「認める」か「否認」しか考えられないことを「不知」としているかといった点が注目される。たとえば、本人が経験している事実でもかなり古いことや細かなことであれば、不知は不自然でないといえる。

（5）認否に迷う場合

本当に迷う場合は、特定の事実だけ「認否を留保」することもある。この場合、なぜ現時点では留保するのか理由も記載すべきであろう。求釈明をしている事柄に係る事実などについては、それが明らかになるまで留保するのはその例である。あるいは、手持ちでない証拠を見てから認否したい場合に、確認してから認否するとして留保することなどもあろう。

はっきり違うとまではいえないが、認めるべき根拠も薄いときなどは、「（当時の記憶にはっきりしないところもあるので）不知である」とか、「（資料が散逸しており確認できないところがあるので）現時点では否認する」などとしておいて、後日はっきりしてから認否を変えてもよいであろう（「否認・不知」を後日「認める」に変える分には法的な制限はない）。

また、相手方の主張が真実かどうかはわからないが、争うまでもないというときは、端的に「認める」とするときもあるが、認めるのに躊躇するところがあれば「不知であるが、積極的には争わない」などとするときもある。この場合、自白まではしないが、裁判所が証拠調べに拠らずにそのまま認定しても構わないという意思表示をしたことになろう（なお、理由を述べずに否認するのも事実上これに準じてしまうおそれがある）。

（6）争う

法律上の主張や、相手方の意見・評価の記載については、それを認められないときは「争う」とする。

事実主張か法的主張等かの区別が難しい場合は、一括して「否認ないし争う」などとする場合もある。本来逐語的に認否すべきなので好ましくはないが、ケースバイケースで許される場合もあろう。

（7）認否の仕方

逐語的な認否が原則である。特に要件事実の認否はそうする必要がある。逐語的といっても、相手方主張の文言一つひとつについて、い

ちいち「認める」「否認する」「不知」を明記しながら認否するまでの必要はなく、どの部分を「認め」て、どの部分が「否認」で、どの部分が「不知」なのかがはっきりするようになっていれば良い。ある文言について認めているのか争っているのか区別できるようにするという意味である。

　司法研修所で習うように、一部の事実を否認し、「その余を認める」という仕方は、認めるべきでない事実まで認めてしまうおそれがあるのでできる限り避けるべきである（ただし、前述のコラムに記載のとおり、裁判官によっては、そのような認否の方がわかりやすい場合もあるようである）。「前段、中段、後段」「第1段落、第2段落」といった呼称は、（訴状にそう明記してあるわけではないので、被告が区分して呼ぶことになり）その区分自体を誤ってしまうことがあるので避けた方が無難である。用いる場合には、「第3段落（「被告が令和元年7月21日、原告に対し」で始まる段落）」などとして間違いのないようにする工夫も考えられる。

　なお、争点とあまり関係のない事情が延々と記載されている主張を認否する場合などには、いたずらに手間と時間を要することもある。ケースバイケースであるが、そのような場合で、特定の文言の認否を明確にすることが訴訟の進行上必要でないといえるときは、趣旨として争うかどうかがはっきりすれば、特定の文言についての認否が明確でなくても足りることもあろう。このような場合、「概ね認める」「趣旨として否認する」などという認否が行われることがある。認否のあり方としては本来適当ではないが、許容される場合もないではない。ただし、「概ね」でも「認める」とした以上は自白が成立したとされる危険があるし、自分では「争点とあまり関係ない」「特定の文言の認否を明確にすることが訴訟の進行上必要ない」と思っていても、裁判所がそうとは限らないこともある。注意が必要である。

5 被告の主張（抗弁等）

　否認の理由（相手方の主張と両立しない別個の事実主張）がある程度の分量となるときや、抗弁（相手方の主張事実が存在することを前提としながらこれと両立し、しかも原告の請求を排斥するに足りる事実）を主張するとき、法律上の見解を主張するときなどは、「被告の主張」と別項を立てて主張することになる。

　認否と異なり、被告の側から積極的な主張をするのであり、特に抗弁は要件事実の主張であるから、前述の訴状請求原因の記載と同じような留意が必要である。証拠を引用しながら主張するのも同様である。

　否認の理由と、抗弁とを同時に記載する場合、抗弁を複数記載する場合などは、項を分け、見出しを付して記載するのが好ましい。

Check Point

□必要的記載事項に漏れがないか。

□本案前の答弁の要否

□準備状況をふまえて、答弁書の記載パターンを決める。

□必要な付随申立てを忘れていないか。

□請求原因の認否は、逐語的な認否が原則。

□否認するときは、その理由も記載するのが原則。通常、知っていて当然の事柄を「不知」とする場合も同様。

［加戸茂樹］

IV … 準備書面

ノボル弁護士の独り言

　訴状や答弁書は形式が決まっているが、準備書面はあまりルールというものがわからないな。相手の反論があまりにも周辺事情だらけのときに、どこまで認否すべきなのだろう。準備の方法も工夫できるだろうか。

1　一般的な注意事項

(1)準備書面の意義

　民事訴訟手続は口頭主義が原則となっているが（民訴87条1項）、その口頭弁論については、書面で準備しなければならないこととなっている（同161条1項）。準備書面で主張した事実および主張はすべて口頭で口頭弁論期日にて主張したこととなる。その意味で準備書面は締め切りに追われて慌てて作成するものであってはならず、事前準備をしっかり行い、体裁等にも気を付けて提出しなければならない。

裁判官はこう見る──準備書面の重要性

　近時、裁判所では、審理充実化の一貫として、口頭議論の活性化が重要と言われる。弁論準備手続で裁判官から、「ノン・コミットメントルール（乗り降り自由）ですから」などと言われ、口頭での議論をもちかけられた経験がある方もいるのでないだろうか。

　もっとも、口頭議論が活発化しても準備書面の重要性は変わらないであろう。裁判官は提出された準備書面からある程度の心証を形成した上で口頭議論をするものである。また、いくら口頭でよい議論をしても、正式に主張として陳述されなければ取り上げられない。裁判官が異動をすることもある。準備書面は裁判官を説得する極め

て重要なツールである。

裁判官はこう見る──差し替えとクリーン版

　一度提出された書面は記録として綴られるため、差し替えはできない。従来、差し替えはよく行われていたが、裁判所の運用が厳しくなっている。誤って余計な情報を載せた際にも原則差し替えはできないため注意が必要である。

　FAX送信後にクリーン版を送付する場合も、従来はクリーン版のみ記録に綴られることもあったが、FAX時点で正式な提出（訴訟の開始、終了となる文書などFAX提出できないものを除く。民訴規3条）であり、FAX版を記録に綴るべきとの考えがある。裁判官から「FAXが正式書面なのでクリーン版の提出は不要です（お持ち帰りください）」と言われることもあるであろう。逆に、FAXはあくまで事実上のものとしてクリーン版を正式書面にしたい場合は、FAX送信書に「本FAXは事実上の書面とし、正式書面としてクリーン版を郵送する」といった記載をすることが考えられる。ただし、最終的には当該裁判所の取扱い次第であろう。

（2）表題

　表題から一見して区別が付くよう、原告・被告の別、何通目の準備書面か、などを記載することが一般的である。たとえば「原告準備書面(1)」「被告第一準備書面」などと記載されることが多い。

（3）見出し（標題）

　準備書面に記載する内容は、攻撃または防御の方法および相手方の請求および攻撃または防御の方法に対する陳述である（民訴161条2項）。つまり、当事者の主張、相手方の主張している事実や主張に対する認否・反論、抗弁、再抗弁などを記載することとなる。

　見出しは、裁判所、相手方にわかりやすくなるよう、「当事者の主張」「相手方の主張に対する認否・反論」「当事者の抗弁」「当事者の

再抗弁」など、当該書面において、当事者が何を記載しようとしているのかを一見してわかるようにする必要がある。準備書面に事実についての主張を記載する場合には、できる限り請求を理由付ける事実、抗弁事実、または再抗弁事実についての主張とこれに関連する事実についての主張を区別して記載しなければならず（民訴規79条2項）、この意味でも表題を分けて主張をしていくことは重要である。

表題については、書式集などを参考にしても、第1、第2と記載した上で表題を記載しているものもあれば、番号を振らずにかっこに入れて表題を特定するもの、文字を大きくして中心に記載することにより表題とわかるようにしているものなどもある。特にどれが良いということはなく、裁判所や相手方に対してわかりやすく、かつ相手方が認否反論するときにやりやすい方法を選択するのが良い。

（4）作成日付

準備書面には年月日を記載することが要件となっている（民訴規2条1項4号）。この日付については、提出日を記載しているものと、次回予定されている弁論準備手続期日や口頭弁論期日を記載しているものがみられる。この点について、裁判所が特に訂正を求めるなどとすることはなく、裁判所としては準備書面の特定ができれば問題はないと考えているように思える。

（5）提出時期

現在の民事裁判においては、基本的に裁判所から次回期日の1週間前に書面の提出を求められることが多い。この期限が守られず、期日の前日の夜や、当日の朝などにFAXによる提出がなされることがあるが、相手方も裁判官も当該書面を確認する時間がなく、当日の期日は事実上空転してしまうこととなるため、書面の提出期限については厳守することが望ましい（民訴規79条1項）。

相手方の弁護士においても、次回1週間前に書面が提出される予定であることは依頼者に伝えている状況であり、これが出てこないとなると、当該相手方が無駄な不信感をもってしまうことも十分考えら

れる。訴訟を円滑に進めるためにも、裁判所の指定した期限を守ることは重要である。

裁判官はこう見る——準備書面の提出期限
　提出時期に対する裁判官の認識は年々高まっていると感じる。なかには、「○月○日○時締切り」と締切時刻も指定し、遅れた場合はすぐに連絡を入れる体制をとる裁判官もいる。
　大原則として、締切は裁判所と相手方への約束であり、守るべきものである。確かに、期日1週間前に出た書面をすべてその時点で読んでいるかというと、必ずしもそうでないだろう。もっとも、裁判官の準備の仕方は、たとえば集中的に期日を入れる火、木、金は期日で埋まるため、金曜の事件の記録は水曜に読み切っておきたい、そのためには順次提出された書面から読み始めておく、といった具合である。水曜日に大きな合議尋問があれば、月曜日中に金曜日の事件の記録をできるだけ読んでおきたい、となる。1週間前に提出をするのは、提出から期日まで1週間あれば、どこかで記録を読む時間を作るためといえる。
　合議事件は特に要注意である。期日までには、左陪席が記録を読んで期日メモを作成し、事前に合議を行う。合議は期日前日の夕方が多いが、数日前に行われることもある。左陪席は裁判長の検討時間を確保すべく早めに期日メモを作るため、合議事件の書面が1週間前に出ていないと進行に与える影響はより大きい。
　また、裁判所に届くFAXは、事務官→担当書記官を経て裁判官の手元に来るのが通常であり、受信から裁判官に届くまでにはタイムラグがある。少なくとも夕方5時以降のFAXはその日に裁判官には届かないと思っておいた方がよい。
　裁判所内部では「提出期限を守ってもらうためにどうするか」はよく議題に挙がるテーマである。期日の空転が続く場合や訴訟の進行状況によっては、「○日までに○○の主張を行う。同日までに行わなかった場合、以後この主張は行わない」と約束し調書にとることもある（同期限を徒過した主張は、時機に後れた攻撃防御方法と

して却下されやすくなるであろう）。

　「期限を守る先生はいつも守る」「守らない先生はいつも守らない」ということはどこの裁判所でも聞くことである。どちらが信頼されるかは言うまでもないであろう。

　また、期日間に書面を往復させる場合や、尋問前の陳述書の提出など、相手方の準備期間に関わるものについては期限の厳守が求められる。

（6）事前準備

　書面提出期限を守るためには、提出期限までにやるべきことをしっかり把握し、事前準備をしておくことが必要不可欠である。多くの事件を扱う弁護士にとって、事前準備をし忘れていざ書面を作成しようとしても、集めるべき証拠や調べるべき事項などが後から出てくるようであれば、納得のいく書面を期限までに作成することは難しいであろう。

　期限を守り、充実した書面を作成するためには、以下のような工夫をして効率的に作業を開始することが大事であろう。

　（a）期日当日にできる限りのスケジュールを立てる　　どんなに記憶の良い弁護士でも、案件については期日直後が一番記憶は新しく内容もよく把握していることは間違いがない。期日当日に、次回期日までにやるべきことをしっかり把握し、スケジュールを立てるという習慣を付けておくことが、何度も記録や期日簿を確認する必要がなく効率的である。

　（b）依頼者への報告の際に締切日を伝える　　当日の期日報告の際、依頼者に対し、次回こちらで作成する書面の期日の締切日を伝え、どういう形で準備していくかをしっかり報告することにより、依頼者からの目も意識して準備活動をすることができることとなる。

　（c）調査等が必要なものはボールを自分に残さない　　新たな事実の主張が出てきた場合などで、反論が必要な場合や、依頼者、第三

者に調査を依頼する必要がある場合、期日当日に調べたい内容などの依頼を済ませてしまい、回答期日や打ち合せの日程も決めてしまう。これにより、依頼者や第三者への調査依頼の回答を待つという状態となり、回答を待つまでは他の事件に集中しても問題のない状況となる。

　（d）書面提出期限の近くに依頼者との打ち合せを入れ、事実上の締切日を自ら設定する　　提出書面を確認してもらうタイミングとして、メールでのやりとりだけではなく打合せの日程を入れておくことも、書面作成の事実上の締切りが設定できるという意味で有用である。メールなどで確認をしてもらうだけで提出する場合もあるかもしれないが、依頼者の中には弁護士を信用してほとんど確認をせずに提出に了解する場合もある。なるべく主張内容を口頭で確認しながら、依頼者の認識している事実と齟齬がないかを確認するべきである。

(7) 作成にあたっての留意事項

　（a）端的でわかりやすく、長すぎない書面を心がける　　準備書面については、冗長なものは好ましくなく、なるべく短くする方が良い、と諸々の文献には記載されている。裁判官の座談会などでも同趣旨のことが記載されており、日々多くの記録を検討する裁判官にとって、長くだらだらと主張された書面を検討するのは、読むことすら躊躇するもののようである。

【書面を端的にするための工夫】
　①標題を工夫し、認否なのか抗弁なのか、何をこの項目で言いたいのかをわかるようにする。
　②時系列と要件事実を意識し、いつ、どこで、誰が、誰に、何をどのような態様で行ったのか、を明示する。
　③あまりにも有名な判例などについてはいちいち全文を引用しない。
　④原告は○○と主張する。しかし……という主張の仕方について、相手方の主張を長く引用しすぎない。
　⑤既に主張したものについては、「被告第○準備書面第 1 (4) で述

べた通り」などと、特定することにより繰り返さない。

⑥事実の主張と法的主張については書面を分けて提出する（または論点ごとに書面を分けるなどの工夫を試みる）。

（b）判例の引用方法　判例・裁判例を引用する場合には、安易に自分に有利な下級審裁判例を引用することなどをせず、しっかり原文にあたり、本件事案との違いを意識する必要がある。「判例の引用では、法理判例・場合判例・事例判例の違いを意識して主張することが最低限のルールである」とされている（鈴木道夫「裁判所提出書面作成の要諦」『LIBRA 2019 年 2 月号』4 頁）。なお、いわゆる「判例」とは最高裁判例のことを指すことが多く、下級審判決は、「裁判例」と称して最高裁判例とは区別されていることから、この部分なども意識をして記載するようにすべきである。

法理判例とは、一般法理を示したもので、法律と同等の規範性が認められるものである。事例判例は、当該事例と同様の事情があった場合に初めて適用される法理を明らかにするものである。場合判例は、法理判例と事例判例の中間に属するものであり、一定の要件が満たされる場合に一般的に適用される規範として位置付けられるものである。判例集の判示事項の中で、「……とされた事例」と記載されているものは事例判決であることが多いようである。「○○の可否」とされているものは法理判例とされていることが多い（中野次雄『判例とその読み方〔三訂版〕』、畑佳秀「民事判例の『実践的』読み方について」参照）。

（c）証拠の摘示の重要性　証拠の摘示方法については、「裁判書類作成の一般論」を参照（第 1 章 **I 2(4)**〔7 頁〕・**4(5)**〔19 頁〕）。一方当事者の主張事実について、ある程度重要な事実について認否を行わず、最終的に弁論の全趣旨などを利用され、不意打ち的な認定がなされるおそれもあることから、認否の要否については慎重に検討すべき（**III 4(5)**〔65 頁〕）であることと裏腹に、ある程度重要と考える事実について、相手方の認否がない場合で、明確な証拠が摘示されていないときは、当該事実の認定において当方に不利益となることがある。その

ため、代理人においては何が重要な事実かを見極め、必要な事実経緯については、証拠の摘示を丁寧に行う必要があろう。

　（d）不利な事実および証拠への対応　　裁判所で争われるような事件については、相手方に資力がなくやむを得ず起こすような貸金請求や建物明渡請求などは別として、一方当事者に全く弱点のないものはほぼ皆無であろう（そのような事件であれば、訴訟になる前に何かしらの解決が図られていることが一般的である）。そうなると、訴状、答弁書作成段階で、当方に不利な事実関係や証拠類についてしっかり把握する努力をすることが重要なのは言うまでもないが、準備書面の段階でも、当方に不利益な事実の主張およびこれに対応する証拠が提出された場合には、証拠もない単なる言いっぱなしの事実の主張ではない限り、これに触れないということはあってはならない。

　事実に関しては、相手方の事実経緯と相反する事実経緯の主張立証を検討することが有益であろう。証拠関係については、証拠と立証事実の関連性や、作成日時からの証拠能力の低さなどを主張し、出された証拠の重要性の低さなどを主張することが有益であろう（鈴木・前掲論文、鈴木道夫「弁護士実務と要件事実論」『自由と正義 2016 年 1 月号』24 頁）。

> ## Check Point
>
> □単純な体裁について確認できているか
> □読み易くなるよう見出しの工夫ができているか
> □期日直後に次回提出書面に向けての事前準備ができているか
> □分かりやすく端的な書面にする工夫ができているか
> □不利な証拠や事実主張に対するフォローが検討できているか

2 準備書面の記載内容

(1)はじめに

　準備書面には、攻撃または防御の方法および相手方の請求および攻撃または防御の方法に対する陳述をすることとされていることは既に述べたとおりであるが、具体的には①相手方の主張の認否、②相手方の主張を否認する理由の主張、③抗弁、再抗弁・予備的主張に分けられる。だらだらと事実の主張のみをするのではなく、準備書面で記載している主張が、どの位置付けにおける主張であるのかを意識しながら書面を作成すると読み手にわかりやすい書面になるため、この位置づけを意識し、標題を工夫することは非常に重要である。

(2)相手の主張の認否

　（a）認否の必要性　　相手方主張の個々の事実について、細分して認めるべき部分とそうでない部分を明白にする。これをまず明白にすることにより、争点が明白になることから、弁護士としてはなるべく早くに事実の確認を行い、争点を明らかにするために効果的な認否を行うべきである。事実についての認否の態様としては **III4**〔61 頁〕に記載の通り。

　（b）訴状に対する認否との違い　　訴状には基本的に要件事実の主張がある。これに対しては一つひとつ丁寧に認否をするべきことが要求されていることが通常である。しかし、訴状、答弁書を経た後の事情の説明などの場合、必ずしもすべての認否をすることが必要かは疑問である。要件事実から遠い事情や、相手方の悪性を主張するためにあえて主張しているような、要件事実とは関連性の薄い事実の主張については、あえて認否を行わず、当事者が当時認識している事実を、相手の主張を否認するための当事者の主張の場面で主張していくということも検討できる。ただし、ある程度重要な事実について認否を行わず、最終的に弁論の全趣旨などを利用され、不意打ち的な認定がなされるおそれもあることから、認否の要否については慎重に検討すべきであろう。

（c）不知の扱われ方　　第三者の行為であって当事者にとっては不明な事実、または相手方の心情などについての反応に使われることが多い。本人が経験したはずであろう事実については、不知と主張をしても、否定できないということは認めていると裁判所にとられる場合があるので注意すべきである。たとえば、不貞行為の事実の主張で、時期は特定できないが、○○という名前のホテルを二人で利用した、という主張がある場合に、当該事実について不知、という反応をした場合、裁判所としてはいくら否認と推定されるにしても、否定はできないという意識となるため、有益な反応とはいえないであろう。とはいえ、あまりにも古い事実などの主張で、本人が記憶していなくてもやむを得ないような事実や、日常的な事実等、記憶していなくてもやむを得ないような事実については不知と主張することも許されよう。

> **裁判官はこう見る──準備書面の主張を認否するか**
>
> 　準備書面の主張に対して逐一認否をするかは代理人によって異なる印象である。通常は、主張全体からして認めていないとわかるものを、認否をしていないとの理由で認めた扱いにはしないであろう。ただし、裁判官には事情がわからないこともあるため、念のため誤解のないように認否しておくことも考えられる。よくあるパターンは、「準備書面○の主張に対する認否」といった項目まで立てず、反論の中で相手方の主張を否認しておくことである。

（3）相手方の主張を否認する理由の主張

　主要事実や重要な間接事実を否認する場合、ただ否認するだけではなく、相手方の主張する事実経緯とは別の事実経緯を説明することにより、相手方の主張する事実を否認することに繋がる。実際、実務でも双方の主張する異なる事実経緯が飛び交うことがある。相手方の主張と矛盾する事実経緯を主張・立証することは有益ではあるが、具体

的に当該事実経緯を立証することにより、相手方の主張する主要事実のどの事実を否認することに繋がるのかを意識することが重要である。

これを忘れて、ただ依頼者が言うがままの事実経緯を書き連ねることは、裁判所からしても何が言いたいのか判然としない書面となるおそれがある。事実経緯として主張する際の標題に、何の主要事実を否認する趣旨なのかがわかるようにしておいたり、別の準備書面を利用して、当該事実の主張がどういう位置づけになるのかを説明するなどの工夫をすることが肝要であろう。

(4)予備的主張

訴訟手続において、法的主張の整理は早期に行われるべきことは言うまでもない。しかし、予備的主張については、主戦場の主張と相矛盾する主張となる可能性があり、そのような場合は法的主張については最終段階まで主張をすべきでないこともある。

(5)抗弁

抗弁については、予備的主張とは異なり要件事実と矛盾する事実ではないため、訴訟直後から主張していくこともちろん可能ではある。しかし、抗弁の内容によっては、当初から主張してしまうと、本筋で争いたい主張部分について、裁判所に弱気な印象を与えてしまうおそれがあるため、注意が必要である。

（a）発生障害の抗弁　　法律行為の場合は行為能力の欠缺、虚偽表示、錯誤、詐欺、脅迫など瑕疵ある行為、不法行為の場合は正当防衛、緊急避難、承諾などがこれにあたる。売買契約書が明確に証拠として提出されており、売買契約の外形上の成立自体には争いがないような事案などで、意思表示の欠缺について争うような場合にははじめから主戦場となる抗弁となるため、当初から主張をしていくこととなる。意思表示の欠缺ではなく、意思表示の事実自体を争うような場合（印鑑および署名の偽造など）については、主戦場となる事実と相矛盾する主張となるため、主張の時期は慎重にするべきである。

（b）滅却原因による抗弁　　弁済、更改、免除、相殺、解除、消

滅時効の援用などがこれにあたる。ケースバイケースであろうが、相殺や消滅時効の援用などの抗弁は、そもそも相手方の主張が認容されることを前提にする抗弁となるため、さすがに最初から主張することは控えるべきであり、場合によっては最終準備書面の段階での主張にとどめるべき場合もあると思われる。

（ｃ）履行拒絶権を内容とする抗弁　　同時履行・留置権・期限の猶予などがこれにあたる。ケースバイケースであるが、たとえば売買契約の成立を争う事案において、同時履行の抗弁を最初から主張するというのは、相手方の主張が認容されることを前提とする抗弁となるため、主張の時期は慎重に検討すべきであろう。

3　最終準備書面

　最終準備書面は証拠調べ終了後に作成し口頭弁論終結直前に提出される準備書面であり、通常の準備書面と法的な区別はない。表題としては最終準備書面と記載されることが多い。すべての総括という意味合いをもち、また証人尋問期日を経た後の書面であるから、尋問の結果を主張に利用することもできる。

　当該書面については、証人尋問が終了した際、①裁判所から双方に作成を要求される場合、②何ら問われることなく弁論が終結されそうになる場合、③どうされますかと聞かれる場合がある。裁判官の意図がわかれば良いが、ケースバイケースであるため、毎回悩みながら検討することとなるであろう。

　①裁判所から双方に作成を要求されるような場合に、これを拒否すると言う弁護士はいないと思われる。

　②何ら問われることなく弁論を終結されようとする場合、こちらから最終準備書面の作成と次回口頭弁論期日の指定を求めても、裁判所から拒否されるようなことがある。敗訴のおそれがある場合には、最終準備書面を口頭弁論期日で陳述の上、控訴審の材料とすべき場合もあるであろうから、このような場合には何とか最終準備書面の提出を

認めてもらうよう努力することもある。裁判所からは、とりあえず終結して期日間に書面を出していただき、必要があれば再開する、と言われることが多いように思われるが、この場合に一歩踏み込んで最終準備書面と弁論再開の申立てを行うことも検討するべきである。

③裁判所から、最終準備書面の作成をどうしますかと聞かれる場合はまた悩ましい問題である。裁判所が中立に双方に聞こうとしている雰囲気の時もあれば、明らかに一方当事者に対して確認をしようとしている場合もある。そして後者の場合でも、当該当事者が敗訴の可能性が高く、最後に言えることは言ってもらおう、と考えているのか、勝訴させようとしているが、少し主張を補充してもらいたいと考えているのか、これもケースバイケースのように思われるからである。いずれにせよ、証拠調べが終了した段階での裁判所の対応が必ずあるため、当該事案で自分がどのように対応するべきか、あらかじめ考えて対応すべきであろう。

裁判官はこう見る――最終準備書面をどう見るか

　裁判官は、心証形成の観点では、最終準備書面をそれほど重視していない。既に尋問も終えて通常は心証が決まっており、最終準備書面はそれを確認するものだからである。主に裁判官が見ている点は、主張整理に誤りがないか、尋問や書証の重要部分を見落としていないかといった点である。そのため、尋問結果や強調したい書証は積極的に引用すべきといえる。他方で、これまでの準備書面を焼き直しただけの書面はあまり効果がないであろう。

　尋問結果については、相手方証人・本人の不合理な点の指摘（ただし、決定的な不合理性の指摘は難しい場合も多い）のほか、相手方証人・本人が相手方にとって不利なことを述べている点の指摘がポイントといえる。

　最終準備書面で新たな主張を行うことは想定されていない。最終準備書面に対する反論も想定されておらず、提出は終結1週間前でなく、終結日間際に双方ほぼ同時に提出することも多い。

なお、最終準備書面を陳述するための期日を設けるかは、裁判官の考え方や事案により区々である。一般論としては、早く終結して判決を書きたい場合は、最終準備書面を求めず終結したり、「最終準備書面は出してもらえば読みますので」と事実上の書面扱いとして終結することがある。

裁判官はこう見る──よくない準備書面
(1)どの争点について述べているかわかりにくい書面
　準備書面を読んでいると、果たしてどの争点についての主張か、結論にどう影響するかがわからないことがある。表題（小見出し）を記載することや、冒頭に端的な結論や要旨の記載があると、予測可能性をもって読み進めることができる。表題等で端的な結論を示せない場合は論理構成を練れていない可能性があり、再検討すべき場合もあるであろう。

(2)主張する法理論の根拠がわからない書面
　法理論について、それが主張者において考えたものか、文献等で指摘されているものかがわからない場合がある。ごく当然の場合を除き、文献等に根拠がある場合にはそれを示した方が裁判官は安心できるであろう（もちろん、文献等に根拠がないからといって採用されないわけではない）。

(3)誤記や語句の不統一、略語定義が曖昧な書面
　語句の不統一は裁判官を混乱させる。たとえば、同じ契約について、本件契約と本件合意が混在する場合などである。しかも、「本件合意」は契約のうち問題となる一部分を指している場合が混在していたりすると、主張の理解に支障を来たす。
　原告に発症した複数の疾病と事故との因果関係が問題となる事案で、どの疾病かを特定せず「本件疾病」などと定義して因果関係論が展開される場合も同様である。略語定義は明確にする必要がある。

⑷同年、同○○とあるがどこを受けているかわからない書面

　「同年」とあるものの、どの年号を受けているかわからない場合や、直前の年号を受けていない場合がある。これを探すことで思考が中断されてしまう。たとえば、段落が変わる場合には「同年」を使わない等の工夫が考えられる。誤解を避けるべく「同年」を使わない書面もあり、それも一つの考え方であろう。

⑸論理がつながらない、行ったり来たりする文書

　論理がつながらない主張は採用できない。親切な訴訟指揮をする裁判官であれば、この点を指摘して釈明を求めるが、あっさりと排斥される可能性もある。

　また、論理はできるだけ行ったり来たりしないことがよい。思考過程では行ったり来たりの検討は必要であるとしても、主張書面上は、まずは自説の根拠を示して結論づけた上で、「これに対してこのような点があるとしてもこう排斥できる」といったように、なるべくシンプルに記載することが読みやすい。

⑹専門用語、業界用語をそのまま使っており、説明がない例

　専門用語（医学用語、技術用語等）や業界用語は説明を付すことが望ましい。特に業界用語は、その言葉が厳密には定義されておらず多義的なこともあり、あいまいなまま審理を進めると尋問でも食い違いが起こる可能性がある。このような場合、業界用語をそのまま使うのではなく、言い換えて使用することも考えられる。最近では、いわゆるネット用語（ネットスラング）の説明が必要となることもある。

⑺立証責任のある側において、自らの主張の根拠を示さず相手方の主張の不合理性のみ指摘する書面

　一般論として、（原告に立証責任がある事実につき）「被告の主張が不合理であるから原告主張の事実が認められる」という認定はされない。原告主張の事実の立証がされている→これに対する被告の主張は採用できない、というのが基本的な認定の構造である。その

ため、自身に立証責任のある場合に、相手方主張の不合理性ばかり
を指摘しても主張は認められないと思っておいた方がよい。特に原
告側に証拠が乏しい場合はこのようになりがちだが、その中でも原
告のストーリーに沿う間接事実をできるだけ指摘し、証拠を提出す
べきである。

(8)裁判官に向けられていない書面

　主張書面の読み手は裁判官である。多くの裁判官は、代理人が依
頼者の意向で主張せざるを得ない場合があることは理解しているも
のの、好ましくは思っていない。度を超えたものは陳述扱いとされ
ない場合もある。明らかに争点と関連性の薄い事情が記載されてい
ると、当該部分はしっかり読まれないこともある。もし重要な主張
がここに紛れ込んでいる場合、読み落とされる危険がある。

(9)強調がすぎる書面

　裁判所が求めるものは客観的な事実主張と論理構成、証拠であり、
事実が認められるのが明白なのか、極めて明白なのかといった評価
は求めていない。もちろん、多少の強調を用いることは、裁判所に
意向を伝える意味もあるとは思われるが、あまりに強調が多いと、
かえってどこを強調したいかがわからなくなるであろう。

Check Point

□主張事実の位置づけを意識できているか
□依頼者のいうことをそのままだらだら記載しているだけの書
　面になっていないか
□略語定義は統一できているか
□5W1Hを意識して論理的な文章になっているか
□最終準備書面をどう扱うか
□最終準備書面について相手方証人・本人の不合理な点の指摘

など、尋問を活かした主張ができているか

◀ **コラム** ▶ 最終準備書面の位置づけ

　最終準備書面について、裁判所は基本的には重要視をしていないとのことであるが、本文でも述べた通り、裁判官からの尋問後の聞かれ方は多様である。ある弁護士は、裁判官からいらないとたとえ言われたとしても、高裁を意識して必ず記載すると決めているとのことである。依頼者の満足にも繋がる上、陳述扱いになっていないとしても書面は記録に綴られ、高裁では確認の対象となるからである。敗訴した場合の高裁へのアピールのためという意味では、必ず書く、と決めておくのも一つの考え方であろうと思われる。また、尋問後新たな主張を加えたいにもかかわらず、裁判所に結審をされてしまったような場合には、最終準備書面を作成した上で、弁論再開の申立てをすることなども検討することができる。　　[吉川　愛]

[吉川　愛]

V…証拠説明書

ノボル弁護士の独り言

　ようやく締切ぎりぎりで準備書面を完成し、依頼者にも了解をもらうことができた。あとは証拠と一緒に提出するだけと思ったら、証拠説明書の作成が未了だった……。意外と面倒な証拠説明書を頑張って丁寧に作成する意味はあるのだろうか。

1　証拠説明書の意義

　文書を提出して書証の申出をするときには証拠説明書の同時提出が義務づけられている。そして、証拠説明書には、文書の標目、作成者および立証趣旨を記載しなければならない（民訴規 137 条）。裁判所において雛形として提供されている一般的な証拠説明書には、このほかに、文書の作成日付や、原本写しの別を記載する欄が存在し、実務ではこの部分も記載することが通例とはなっているように思えるが、文書の作成日付や原本写しの別の記載は民訴規則上記載が義務づけられていない任意的記載事項である。

裁判官はこう見る——裁判官の証拠説明書の使い方

　証拠説明書は代理人と裁判官とで重要視の度合が異なる。裁判官の心証形成（事実認定）に証拠説明書は大いに役立つ。

　事実認定では、書証から認定できる事実は何か、その事実からさらにその周辺事実はどこまで認められるか、これと原告（被告）のストーリーに不整合な点はあるかといった作業を頭の中で行う。出発点として、書証から認定できる事実がどのような時系列に並んでいるかが重要となるが、証拠説明書は、いつ頃に誰がどのような書

類を作成したかを一覧できるため、このようなストーリーの整合性を考える際に重宝する。特に「作成者」「作成日付」「立証趣旨」に注目する。

また、判決書作成にあたり、証拠に見落としがないかを確認する作業に使用することもある。

2　表題

証拠説明書というタイトルに加えて、原告・被告の別を記載したり、何通目の証拠説明書かがわかるようにするため、番号を付けることが多い。たとえば「被告証拠説明書(1)」のように記載する。

これに加えて、当該証拠説明書がどこからどこまでの証拠の説明をしているのかを一目瞭然にできるように、表題に証拠説明書(1)（乙1～乙7）というように記載している例もある。合計枚数を記載している例もある。

3　証拠番号の付け方

一文書に一つの番号を付けることが原則である。

ただし、刑事記録などについては、全頁に通し番号を付して刑事記録一式として提出するか、各証拠に枝番号を付けて、各枝番号ごとに通し番号を付す方法が推奨されている（東京地方裁判所民事27部「交通部からのお願い」参照）。

> 裁判官はこう見る──証拠番号の工夫
>
> 枝番は適宜にとどめることが相当で、枝番の枝番などとなるとかえってわかりにくくなることもある。
>
> 医療記録のみまとめて甲B（その他は甲A）としたり、個別原告に関する書証にそれぞれ符号（甲Aなど）を付けることもある。こうすることで、ある類型の書証ごとに分類がされて読みやすくなる。ただし、証拠がかなり多く、符号を分けないとわかりにくくなると

想定される場合の工夫であり、毎回行う必要はないであろう。

被告が複数名いて代理人が異なるときは、乙号証、丙号証と分けることになる。

4 必要的記載事項

(1)文書の標目

文書を特定するために記載する。当該文書が特定できればそれで良い。契約書や借用書のように、一見してわかる物は迷うことはないが、特に表題のない書面などでは特定に迷うことがある。日付があれば「○月○日付通知文書」と記載して特定したり、タイトルがあれば「『○○○』と題する書面」などと記載して特定することとなる。宛名だけ書かれた封筒などについては「封筒」など名称を特定することも可能である。メール文書やLINEのスクリーンショットなどについては、「メール文書」「LINEメッセージ」などとして特定することができる。

(2)作成者

文書とは、その作成者である特定人の思想内容等（意思、認識、報告、感情等）が文字その他の可読的記号によって表現されている有体物とされている。文書を証拠として提出するにあたり、作成者をきちんと特定することは超基本的かつ重要事項であるため、この部分を意識せずに文書を証拠として提出することがあってはならない。物理的に文書を作成した者が作成者とならない場合も存在するため、注意が必要である。

(3)立証趣旨

当該証拠からどういった事実が導き出されるのかを説明する。事実は主要事実のみならず、間接事実であってもよい。

裁判官はこう見る——立証趣旨の記載

　裁判官は立証趣旨の記載に着目している。その書証から立証したい内容を簡潔に記載することが望ましい。たとえば、取引経過のメールを出した際に「原告と被告の取引経過について」とテーマだけを記載するよりも、「〇月〇日時点で被告が〇〇を認めていたこと」などと立証したい事項をある程度具体的に記載することがポイントである。ただし、争点の立証に使うほどでないが、経過を示すために出しておくような書証については、単にテーマを示す記載でもよいであろう。すべての書証について立証事項を厳密に記載するとかえって不自然かつ長くなるため、バランスが必要である。

　立証趣旨は詳細にすぎると逆効果となる。書式にもよるが、幅狭の枠に長い立証趣旨が記載されると読みにくくなるし、1頁に記載できる証拠の数も少なくなって証拠説明書の一覧性に欠ける。できれば5〜6行に収めるのがよいであろう。あくまで立証したい結論部分を記載するものであり、証拠からそう立証できる理由の詳細は準備書面で主張をすることがよい。

5　任意的記載事項

(1)原本と写し

　文書の提出は、原本、正本または認証のある謄本であることが原則である（民訴規143条1項）。といっても、原本を裁判所に保管しなければならないのではなく、原本を証拠として取り調べた上、相手方と裁判所には写しを提出することになる。期日では、提出された写しと原本に相違がないかを確認することとなる。写しを提出するのは例外的で、原本に代えて写しを提出する場合、または写しを原本として提出する場合に限られる。

　原本に代えて写しを提出する場合とは、当事者に異議がなく、原本の成立および存在に争いがない場合に限り、必ずしも原本そのものを取り調べる必要はないとされている（写しを原本として提出する場合と

区別して（写し）と記載することとなっている）（大判昭和5・6・18民集9巻609頁）。取扱いの違いを明確に区別して証拠提出を行う必要がある。

裁判官はこう見る──原本取調べの要否

　コピー技術が発達した現在は、写しの提出で足りるものは増えている。重要な契約書や陳述書、偽造や改ざんがあり得る書面以外は、基本的に写しでよいとする裁判官も多いであろう。

　原本で提出すると、期日の原本確認に意外な長時間を要することもあり、またせっかく重たい原本を持っていっても「原本確認は（時間もないし）次回にしましょう」とされることもある。原本での提出は適切なものに絞ることがよいと思われる（書籍なども写しとして提出しておけば、分厚い書籍を持ち運ばないで済む）。

　例外的に、公示送達事案では、原本で提出できるものは提出しておいた方がよい。公示送達事案は、相手方の出席がなく自白も成立しない中で原告提出証拠から認容できるかを判断するため、原本を見ておきたいと思う裁判官も多いからである。

　なお、誤って証拠の原本そのものを裁判所に提出してしまうと、返還ができないので要注意である。これに対し、陳述書は原本そのもの（押印されたもの）が裁判所に提出されることもある。

（2）作成日付

　任意的記載事項ではあるが、ほぼ間違いなく記載するのが実務の運用であり、重要な証拠について記載がないと裁判所からも釈明を求められることとなる。証拠を評価するにあたり、作成日付については裁判所も重要視していると思われ、証拠提出にあたっては作成日付についても意識して確認し、調査をすることが重要である。とはいえ、調査を尽くしたとしても作成日が不明なものなどについては、空欄または作成日不明と記載しても問題はない。

（3）備考

　備考欄はまさに任意的記載事項であり、弁護士によって様々な工夫がされているようである。

　証拠から導かれる事実との関連性ではなく、証拠の提出方法等について補足がある場合には、備考に記載するとわかりやすい。たとえば、図面について拡大・縮小コピーをした場合、偽造文書として提出する場合、文書の一部抜粋の場合、などである。また、「甲○号証と同時に原告から被告に交付された」「原本は、甲○号証の1、同2とともに左肩にホチキス止めで綴じられている」など、証拠の取得方法や状況について説明することにも利用される。原本・写しの別で、写しを提出する場合の理由を書くこともあるようである。

　さらには、証拠について記載事項を一部抜粋し、強調したい部分をわかりやすくする工夫をすることにも利用されている。

6　作成の際の工夫

（1）弁護士の報告書（写真、大量の領収書その他）の有益性

　たとえば、写真や動画などはそのまま提出して、証拠説明書に立証趣旨を記載しても全く問題はないが、規則上、写真の提出には撮影者、撮影対象、撮影場所、撮影日時の記載が必要である（民訴規148条）。このため、写真について、一枚一枚証拠番号（または枝番）を振った上、証拠説明書に説明を加えていかなければならない。

　このような場合に、弁護士が作成する写真撮影報告書は証拠説明書を簡便化させるためにも有益である。写真をまとめて番号を振り、当該番号の横に個別に撮影者等の説明を加え、弁護士の報告書として、まとめて一つの文書として提出する方法である。ただ、民訴規則上の必要事項を説明するだけでなく、必要に応じ撮影の具体的な場所、方向などを図で示すなどの工夫をすることもできる。写真のみならず、動画についてもキャプチャ化して説明を付けたり、図面を作成するなどして、弁護士の報告書として提出するなどの工夫も有益である。

（2）偽造文書を証拠として提出する場合

　提出する書面が偽造文書である、と主張する場合、作成者は偽造者ということになるので、偽造者が作成者となる。

　偽造文書の存在自体が立証趣旨の場合、作成者が不明のときは不明と記載することとなる。

（3）メールのやりとりが長く続いている場合

　当該証拠にマーカーを引くなどして、どの部分が立証趣旨にかかる証拠部分かを明確にする。これにより該当部分の発信者を作成者とすることができ、当該証拠により立証しようとする事実を明確にすることができる。

　また、やりとりが長く続く場合は、時系列とその経緯を明確にする努力をする必要がある。場合によってはメールの一部を抜粋した弁護士の報告書などを作成するのも一つの方法である。

　また、メールに添付ファイルが付いている場合には、当該添付ファイルも別証拠として提出するなどし、経緯がわかるように工夫する。

（4）LINE などのやりとりを提出する場合

　LINE など、複数人がそれぞれチャット形式でやりとりをしているものについて、スクリーンショットを証拠として提出することがある。そもそも発言者が多数いる上、日時も長期に及んでいるようなものもあるため、証拠の作成については工夫が必要である。

　日付については、全体を一つの証拠として提出する場合、「○年○月○日から○年○月○日まで」またはざっくりと「○年○月」と記載するのが一般的である。全体の流れは提出したいが、その一部に強調したい部分がある場合には、当該箇所のみ別証拠として抜粋し、当該日付を作成日付として提出するという工夫もできる。

　作成者については、そう多い人数ではない二人でのやりとりなどでは、「○○および○○」と二人として記載することが一般的と思われる。多数人が作成者となっている場合には、立証趣旨との兼ね合いで重要な部分をマーカーし、当該発信者のみを作成者として特定するこ

となども可能である。

　間に付けられている写真の特定、撮影者の特定については、当該写真や撮影者が重要な場合には、写真のみ別証拠として提出することも検討できる。

　メッセージのやりとりは、名前などが特定されていないことが多い。アイコンなどで発信者が特定されているような場合は、当該アイコンの発信者が誰であるかについて、備考または立証趣旨のところに記載して説明すると良い。わかりにくい場合は、別途やりとりを書面化し、反訳文のように名前を記載して別途提出すると、誰が何を発信したか一目瞭然となるのでこれも有用である。

（5）作成名義人が大量にいる場合

　本来、文書というものが作成者である特定人の思想内容等（意思、認識、報告、感情等）が文字その他の可読的記号によって表現されている有体物であるということは既に述べた。そうなると、たとえば色紙に記載された寄せ書きなどは、複数の作成者の思想内容が記載されているため、5名の寄せ書きであれば、本来的には5通の文書、ということとなる。

　メールのやりとりと同様、発信者をまず特定し、その特定された発信者の部分をフォーカスする工夫が必要である。全体の流れが立証趣旨の場合などには、当該文書作成者のうち代表的な者を記載して「ほか」とか「他○名」などとすることもできる。

（6）文書に個別に書込みがある場合

　はっきりと書込み部分を別の証拠にしたいときは、書込み部分を赤丸で囲って別の書証番号を付けたり、該当部分を別途作成して別証拠とすることもあり得る。当該書込み部分がそこまで重要ではない場合、作成者欄に記載せず備考で補足をするか、作成者欄に「手書きの書込み部分の作成者は○○」と書くこともできる。

Check Point

- □書証から認定できる事実はなにかを意識して立証趣旨を記載できているか
- □立証趣旨は簡潔に記載できているか
- □作成者・作成日付は間違いないか
- □任意的記載事項と必要的記載事項を理解しているか
- □枚数が多い場合に頁数を付けるなどの工夫をしているか
- □原本・写しどちらで提出するかの検討ができているか
- □証拠の出し方について、工夫ができているか

◀ コラム ▶ 証拠説明書の重要性

　本節の「裁判官はこう見る」からも分かるように、裁判官は弁護士が思った以上に証拠説明書を見ている。これに対して、証拠説明書に関しては訴状や準備書面などと比べて片手間に時間をかけずに作成してしまっている弁護士も多いのではないだろうか。最終的に証拠の漏れがないかのチェックとしても利用されているということになると、証拠説明書に記載しておく立証趣旨は極めて重要である。ざっくりとした立証趣旨ではなく、簡潔に、具体的な事実を立証する趣旨であることを記載することで、ぎりぎりの事案などでは何かしら功を奏する可能性がある。　　　　　　　　　　　　　　　[吉川　愛]

◀ コラム ▶ 証拠説明書よもやま話

　証拠説明書の重要性は、いろいろなところで耳にするようになった。実際の訴訟でも、わかりやすく作られた証拠説明書が増えてい

るように思う。

　ただ、証拠説明書の「原本・写し」や「作成者」は、実は深く考えると悩ましいケースも多く、最近では特にインターネットの発達により、インターネットを介して収集した情報が証拠として提出される際、安易な記載に首をかしげたくなるケースもある。

　極端な例だが、とある訴訟で、専門用語の解説が証拠提出された際、作成者が「インターネット」と記載されていたことがある。ネットで調べた情報のプリントアウトのようだったが、URL の表示もなく、どこのサイトの記載かもわからなかった。内容自体には問題がなかった（しかも代理人が高齢だった）ため、当事者も裁判所も特にこの点を問題視せず手続きは進んだが、流石に驚いた。

　それは極端だとしても、Wikipedia のページをプリントアウトした証拠について作成者を「Wikipedia」とする証拠説明書はたまに見かける。確かに Wikipedia は便利なサイトだが、それを裁判の「証拠」として提出してよいかどうかは立ち止まって考えるべきではないだろうか。仮に証拠とする必要があるにしても、ユーザーの共同作業によって作成されるページの「作成者」は誰か、内容に責任を負うのは誰かと考えれば、安易に作成者を Wikipedia と表示することはできないと思われる。

　インターネットはもはや弁護士業務に不可欠なツールといえ、何かを調べるときにまず検索してとっかかりを摑むのは誰でもやっていることだろう。しかし、検索して出てくる情報が全て信頼できるとは限らない。ネットで得た情報はあくまで「入り口」として、情報の取捨選択を慎重に行う必要がある。

　特に証拠提出するときは、面倒でも文献や判例といった原典にあたる労力を惜しんではならない。

［岸本史子］

［吉川　愛］

VI … 上訴

1 控訴審と控訴理由書・控訴答弁書

ノボル弁護士の独り言

　１審で敗訴して、依頼者は判決にまったく納得していない。高裁で絶対逆転させてほしいと息巻いている。どうすれば、高裁の裁判官に逆転判決を書いてもらえるのだろうか。控訴理由書の書き方や控訴審の進め方にノウハウがあるのだろうか。

（1）控訴審の実態

　（ａ）ほぼ１回で結審する　　控訴審の７割から８割は第１回口頭弁論期日で結審してしまう。その後、和解の手続がなされることはあるが、弁論は１回で終わるとみておいたほうがよい。人証の尋問もほぼない（大阪弁護士会高裁民事問題プロジェクトチーム「民事控訴審の審理の充実――実態調査を踏まえた提言(上)」判時 2342 号 139 頁）。そうすると、第１回目の期日に提出する書面が極めて重要になってくる。この書面で控訴審の勝負は決まる。控訴状は定型的なものだから、重要になってくるのは控訴理由書である。この控訴理由書をどのように書くのか、控訴審を戦う上でこの点に留意しないと控訴をした意味がない。控訴審の裁判官は、原審の記録は一応すべて目を通すことになっているから（とはいえどの程度丁寧に見ているかはかなり個人差がある）、原審と同じような書面を繰り返し書いても無駄である。控訴理由書をいかに書くべきか、控訴理由書を読んだ控訴審の主任裁判官に原審の判断がおかしいと思ってもらうにはどうするか、これがここでの問題となる。

（ｂ）不服申立ての理由に制限はないが、原審での事実認定を覆すことは難しい　控訴審の裁判官経験者によれば、第1審の裁判官は相当の時間をかけて当該事件に付き合ってきているから、その裁判官がした事実認定は相当に重みがあるという（門口正人『民事裁判の要領』241頁）。特に事件記録が多い事件の場合、多数の事件を抱えている高裁の裁判官が記録をすべて読み、それがすべて頭にインプットされていることはないと考えたほうがよい。そうすると、どうしても、第1審の事実認定を尊重する傾向になるという。控訴する側はこの点をふまえて控訴審における訴訟活動を遂行していく必要がある。

（ｃ）原審の判断が覆ることはかなりの頻度である　ところが、である。ときに原審の判断がいとも簡単に覆ることがある。しかも1回結審の控訴審で、である。まったく（ｂ）で書いたことと矛盾しているが、控訴審が怖いのはここにある。控訴審が判決による場合のおよそ2割5分が原判決を取り消すとの統計はこの点の裏付けである。第1審で勝訴した者は控訴審を絶対に甘くみないほうがよい。被控訴人の側は控訴答弁書で控訴人からの主張に対抗するが、この控訴答弁書をどのように書くかも重要になってくる。

（ｄ）控訴審の審理の実際　控訴審は合議体で審理されるが、3人の裁判官のうち、当該事件を担当する主任裁判官が事件を割り当てられる。その主任裁判官が事件記録を読み、合議メモを作って合議体の他の裁判官はそのメモを見て審理を進めるようである。裁判官がどのように記録を読むかは、人にもよるだろうが、一般的には、原審判決を読んだうえで、事件の概要を頭に入れ、控訴理由書と控訴答弁書を読んで当事者のその事件に関する主張を把握する。その後に原審での記録（主張と証拠）にあたることになるといわれている。そうすると、控訴理由書によって事件の実態をいかに裁判官にアピールするかが重要になってくる（**(4)**以下の「控訴理由の書き方」は高世三郎元東京高裁部総括判事の講演を一部参考にさせていただいた）。

（2）控訴状の作成の仕方

（a）形式　　形式については、各地の裁判所のウェブサイトに注意事項・雛形が掲載されており、参考になる。たとえば、大阪地裁は次のとおりである（https://www.courts.go.jp/osaka/saiban/syosiki/index.html）。

（b）必要的記載事項等　　（i）法定記載事項　　控訴状にはその必要的記載事項として、①当事者、②法定代理人、③第1審判決の表示、④その判決に対して控訴をする旨を記載しなければならないとされている（民訴286条2項）。以下では法定の記載以外でも実務で通常、控訴状に記載する事項についてもふれておく。

（ⅱ）当事者および法定代理人の表示　　当事者および法定代理人の表示は、訴状と同一であるが、控訴する者が「控訴人」、控訴の相手方が「被控訴人」となる。双方控訴の場合は「第1審原告」「第1審被告」という表示となるが、通常、控訴状の提出の際は、双方控訴か否か確認できないこともあるので、控訴状には「控訴人」「被控訴人」と記載することになる。

（ⅲ）年月日　　年月日の記載は、必ず記載しなければならない（民訴規2条1項4号）。実際に申立てをした日を記載するのが一般である。

（ⅳ）宛名　　宛名は管轄の控訴裁判所である。第1審が地裁の場合は高裁が、第1審が簡裁の場合は地裁が、控訴裁判所となる。

（ⅴ）事件名　　事件名は、第1審の事件名の末尾を「控訴事件」とするのが一般である。たとえば、第1審が損害賠償請求事件であれば、控訴審では損害賠償請求控訴事件となる。

（ⅵ）訴訟物の価額　　訴訟物の価額は、控訴により不服の申立てをする額である。たとえば、原告が第1審で300万円の請求をしたところ、200万円までしか第1審裁判所が認めなかった場合で第1審の原告が控訴するときは、100万円が控訴審での訴訟物の価額となる。反対にこの場合で第1審の被告が控訴するときは、200万円が訴

訟物の価額となる。

　(vii)　**控訴する旨**　　第1審の判決に対して控訴をする旨は、たとえば全部控訴の場合は「上記当事者間の○○地方裁判所令和○年（ワ）第○号○請求事件について、令和○年○月○日言い渡された判決は、全部不服であるから、控訴する」といったように記載する。

　一部控訴の場合は、上記例の「全部不服であるから」の部分が「一部不服であるから」とすればよい。どの部分が不服かについては控訴の趣旨のところに記載する。

　(viii)　**第1審判決の表示**　　第1審判決の表示としては、判決をした第1審の裁判所、事件番号、判決言渡年月日等が記載されていれば足りるが、実務では、第1審判決の主文も記載するのが通例である。

　(ix)　**控訴の趣旨**　　控訴の趣旨は、控訴人が控訴審で求める結論部分、つまり、控訴人が求める判決主文である。控訴の趣旨の書き方は様々であるが、控訴人が第1審の原告か被告か、第1審で全部敗訴か一部敗訴かによって変わるので、以下では一般的な記載例を紹介する。なお、訴訟費用については「第1、第2審とも」あるいは「第1審、第2審を通じ」と入れるのが実務の通例である。

　①第1審被告が全部敗訴のとき

> 1　原判決を取り消す。
> 2　被控訴人の請求を棄却する。
> 3　訴訟費用は、第1、第2審とも、被控訴人の負担とする。

　②第1審原告が全部敗訴のとき（第1審で300万円の請求をしていた場合）

> 1　原判決を取り消す。
> 2　被控訴人は、控訴人に対し300万円及びこれに対する令和○年○月○日から支払済まで年3分の割合による金員を支払え。

```
  3  訴訟費用は、第1、第2審とも、被控訴人の負担とする。
  4  この判決は仮に執行することができる。
```

③第1審被告が一部敗訴のとき

```
  1  原判決中控訴人敗訴部分を取り消す。
  2  被控訴人の請求を棄却する。
  3  訴訟費用は、第1、第2審とも、被控訴人の負担とする。
```

　なお、③の2の部分については、「前項の部分につき被控訴人の請求を棄却する」「被控訴人の上記取消にかかる部分の請求を棄却する」といった文例もある。

　④第1審原告が一部敗訴のとき

```
  1  原判決中控訴人敗訴部分を取り消す。
  2  被控訴人は、控訴人に対し100万円及びこれに対する令和〇
    年〇月〇日から支払済みまで年3分の割合による金員を支払え。
  3  訴訟費用は、第1、第2審とも、被控訴人の負担とする。
  4  この判決は仮に執行することができる。
```

　上記の場合、第1審判決で原告の請求が一部認容されているから、控訴審の審判の対象は原告が控訴を申し立てた第1審判決中の控訴人の敗訴部分となる（民訴304条）。したがって、控訴人（第1審原告）は、第1審判決の控訴人の敗訴部分のみを取り消して、その部分に関する原告の請求を認容する判決を求めることになる。

（3）控訴状の提出期限と提出先、手数料

　控訴申立ては、判決正本の送達があった日から2週間以内にしなければならないとされている（民訴285条）。2週間の期間の計算は初日不算入とされているから（民訴95条1項、民140条）、判決の送達を受けた日の2週間後の同じ曜日が提出期限となる。郵送による提出の場合は、郵便局の消印が2週間以内であっても、裁判所に到達し

た日が2週間を過ぎていれば期限徒過となる。期間の末日が日曜日、土曜日、国民の祝日に関する法律に規定する休日、1月2日、3日または12月29日から31日までにあたるときは、期間はその翌日をもって満了する（民訴95条3項）。土曜日や連休の場合で翌日が休みの日の場合は休みが明けた平日が期限となる。微妙な場合には、第1審裁判所の担当書記官に確認することが多い。また、控訴申立て期限は2週間と短いことから、第1審の受任をする際の委任状や委任契約書には委任事項を第1審に限る場合でも、控訴の提起までを委任事項に加えておくことも多い。その点を明確にしておかずに責任の所在があいまいになって依頼者とトラブルになりかねない。

　控訴状の提出先は、第1審裁判所である。控訴裁判所ではない点に注意すべきである。特に事務所からは離れた第1審裁判所の場合には注意が必要である。上記のとおり、控訴状の宛名は控訴裁判所になっているため、弁護士が事務員に控訴状の提出を指示する場合は、提出先を明示して指示をしないと誤った提出先になりかねない。郵送の場合で、期限ぎりぎりのときは取り返しのつかないことになりかねないので注意が必要である。

　控訴の申立てをする際の手数料は、訴訟物の価額を基準に算出される。訴え提起の際に算出した額の1.5倍の金額の手数料を、原則として収入印紙で納付する（民訴費用3条、別表第1の2項）。手数料の額が100万円を超えるときは、現金で納付ができることとなっている。手数料の基準となる訴訟物の価額については、上記のとおりである。なお、第1審が請求について判断しなかった場合の判決（たとえば、訴え却下、訴訟終了宣言等）に対する控訴の申立手数料は、通常の控訴提起手数料額の2分の1の額となる（民訴費用3条、別表第1の4項）。

（4）控訴理由書はどのように書くのか

　（a）最終準備書面の焼き直しでは意味がない　第1審の最終の場面で主張のすべてをまとめた最終準備書面を作成し、提出すること

があるが、控訴理由書がこの最終準備書面の焼き直しであっては意味がない。また、最終準備書面を提出していない場合でも、第1審の主張をまとめただけの控訴理由書を提出しても意味がない。なぜなら、第1審の主張の組み立てでは敗訴したのであり、それを繰り返し述べても第1審の判断が覆る可能性は高くないからである。したがって、控訴理由書は次に述べるとおり、第1審とは異なる視点から主張を展開していく必要がある。

（ｂ）原判決の批判に終始しても説得力に欠ける　　よく見かける控訴理由書の一つに、原判決を一つひとつ批判していくスタイルの控訴理由書がある。しかし、このようなスタイルでは、仮に原判決の個別の論点あるいは事実認定に誤りがあった場合であっても、控訴審ではその部分を修正するだけに終わり、原判決の主文を覆すまでにはいかなくなる可能性が高い。

また、このスタイルの控訴理由書は、原判決の個々の判断にすべからく「ケチ」をつけていることになるから、書いている本人の意向がたとえそうでなかったとしても、読んでいる側からすると気持ちよく読めない、あるいは読んでいて不愉快な思いになる書面になってしまう。このような書面は、原判決に対する非難や不平不満ととられてしまい、建設的な印象を与えないのである。もちろん、このようなスタイルの控訴理由書であっても、原判決が覆ることはあるし、それが間違いというわけではないが、読んでいる控訴審の裁判官に「なるほど。そういうことか」と思ってもらえるような書面、そうなる確率が高くなるような書面を書くのが望ましい。

（ｃ）原判決とは異なる視点の提示　　（ⅰ）事件の筋・ストーリーと事案の全体像　　控訴理由書は、原判決の主文を変更させることに目的がある。したがって、どうすれば、控訴裁判所が原判決を覆す動機をもつのか、そのための控訴理由書はどうあるべきなのかがわかれば、控訴理由書のスタイルもみえてくる。

そのために事件の筋やストーリーをまず控訴審の裁判官にわかって

もらうことが重要になる。多くの裁判官は民事事件の場合には何らの予断をもたずに事件に臨み、判決を書いているわけではない。第1審の訴状と答弁書を読み、初期段階の証拠をみて事件の筋を見立てる。その後に提出される準備書面や証拠によって自分の見立てた筋が合っているかを確認する。人証調べで初めて心証を形成することは稀であり、人証調べの段階ではほぼ判決の内容も決まっていることが多い。

　事件の筋やストーリーは、対立する当事者相互ではまったく異なるし、裁判所が見立てる筋やストーリーは当事者の一方と同じであることが多いであろうが、ときには両当事者のものと異なることもある。控訴理由書を書くにあたっては、原審で敗訴した当事者の描いた筋やストーリーがなぜ原審の裁判所に理解されなかったのかを検討する必要がある。原審の筋やストーリーが正しいもので、その説得力が足りなかったのであれば、足りなかった事実関係とそれを支える証拠を控訴審において提出する必要がある。また、そもそも原審で前提にしていた筋やストーリーが間違いであった場合は、控訴審においてはその筋やストーリー自体を修正し、そのための事実を主張立証することになる。

　いずれにしても、控訴理由書において重要なのは、当事者・代理人が描いている事件の筋やストーリーを明確にして裁判所に提示することである。それによって裁判所に事案の全体像を示し、原審の部分的な修正ではなく、控訴審で提示した筋やストーリーに裁判所に乗ってもらい、主文を変更してもらうことができるようになる。

【事件の筋や全体像を提示する例】

第1　本件事案の概要と争点
　本件は、控訴人が被控訴人から女性用ワンピース等の衣類合計3000着の製造販売の申込みを受け、これを承諾して、ベトナムの工場で生産させて被控訴人に引き渡したが、被控訴人が一部代金を

支払わないために売買代金の支払いを求めた裁判である。被控訴人は、引渡し後1年近く経過した後に検査をした際にワンピースの中に異物が混入していたこと及び控訴人が約定で定めた検査を怠っていたことを理由に売買契約の解除をしたと主張し、被控訴人による契約解除が有効であるかが問題となった事件である。

本件の争点は、①控訴人に検査義務違反があるのか、②控訴人が売買目的物を引渡した時に異物が混入していたのか、③そもそも商法526条により被控訴人は、引渡しから6か月経過した後は契約不適合を理由に契約を解除できないのではないかという点である。

そして、各論点についての控訴人の主張の概要は、①証拠上、契約で規定された検査を控訴人は実施したことは明らかであり、②引渡し時に異物が混入していたことの立証責任は解除を主張する被控訴人側にあり、その立証は成功しておらず、③債務不履行に商法526条は適用されないとの被控訴人の主張は理由がないというものである。

本書面では、認定されるべき事実経過を述べた上で（「第2」）、各争点に関してなされるべき判断（「第3」）を述べる。

（ⅱ）あるべき判決を提案する　　控訴理由書においてはまず事件の筋やストーリーを提示して控訴審の裁判所にその筋やストーリーに乗ってもらう必要がある。そうすると、事件の筋やストーリーを提示した後に、控訴審が書くべき判決そのものを提案してしまえばよい。すなわち、「この筋に乗ると判決はこういうものになりますよ」というものを控訴人が提案するのである。原判決を逐一批判していくスタイルの控訴理由書が非建設的で、読んでいて不愉快な思いになるのに対し、提案型の控訴理由書は建設的であるし、うまく意図が伝われば「なるほど」と思ってもらえる確率が高くなる。

（ⅲ）事実認定　　このあるべき判決を提案する際に、あるべき事実認定を一つひとつ証拠とともに論証していくことになる。証拠を摘示して主要事実を認定することもあるし、場合によっては、主要事

実を導くために間接事実をまず証拠を示して認定することもある。ときには、原審で主張しなかった事実を主張することもある。原審で主張しなかった事実や主張したが認定されなかった事実が存在したために、こちら側の筋やストーリーに原判決が乗れなかったのであれば、その事実認定が重要になってくる。また、その事実に関連する証拠はすべて提出すべきである。客観証拠があればよいが、それがない場合でも関係者の陳述書を作成し、証拠説明書とともに提出すべきである。そして、新証拠によって認定されるべき事実であって、原判決で認定されなかった事実にかかる主張と証拠は、強調し目立たせるのがよい。

　また、原審で主張しなかった新たな主張をする場合、なぜ原審において主張しなかったのかという点を書くとより説得力が増すことになる。

【あるべき判決を提案する例】（事実認定の部分）

第2　事実認定
　1　前提事実
　　本件における前提事実（当事者間に争いのない事実）は、原判決が示すとおりである。
　2　認定されるべき事実
　　関係各証拠によれば、本件の事実経過は以下のとおりである。本控訴理由書とともに提出し、控訴審口頭弁論期日で取り調べられることになる証拠により証明されるべき事実については、下線を付している。
　⑴　売買契約の内容
　　　ワンピースに関する控訴人、被控訴人の間の売買契約を締結するにあたり、控訴人は、これまで他社との取引でも提示してきたように、目的物の材質、サイズ・規格、完成品の梱包の仕様、タグ表示、製造過程、検査工程表、過去にあったトラブル

と工場対応等を詳細に記した仕様書を作成して、被控訴人に提示し、被控訴人の要望をさらに受け入れて仕様書（乙〇）を完成させて被控訴人に交付した。

　この仕様書中の企画仕様書には、製造過程ごとに控訴人が製造を委託するハノイ工場の側が行う検査（生地外観検品、縫製検品、包装検品、最終検査）が記載され、さらには控訴人自身が行う検査内容として、抜取り検査、検針、検品、Quality Control 出荷前検査（QC）が記載されている。また、抜取り検査における AQL（受け入れ可能な品質基準）として、「厳重点 0.2%、軽度点 3.0%」とされ、同様に QC 出荷前検査における AQL として「厳重点 0.15%、軽度点 1.2%」とされていた。

　この仕様書に記載された内容が売買契約の内容になっていた……

（iv）法的判断　　原判決で控訴人側が敗訴した理由が法的論点の判断に関わる場合は、控訴審では原審とは異なる法的判断をしてもらう必要がある。そのためには、控訴理由書の中で異なる判断をしてもらうための材料を提示しなければならない。判例や学説を徹底的に調べてこちらに有利なものがあれば文献を付けて参考資料として提出する。判例や学説が見つからないときは、学者に意見書を書いてもらうこともある。そうでないときは、原審のした法的判断に矛盾はないか、論理的に誤りはないか、条理に反する点はないか、結論に妥当性が欠ける点はないか等自分の頭で考え、説得的に控訴理由書のあるべき判決のところで展開していくことになる。

【あるべき判決を提案する例】（法的判断の部分）

第3　争点に関しなされるべき判断

　1　本件に商法 526 条の適用があるのか

　　⑴　債務不履行の場合にも商法 526 条は適用されるとするのが判例

　　　　債務不履行の場合に商法 526 条の適用があるかについては、すでに控訴人の令和〇年〇月〇日付第 5 準備書面に詳述したとおりであり、最判昭和〇・〇・〇判タ〇号〇頁が債務不履行責任の場合にも同条の適用ありとした以降の下級審判例はおおむねこれを踏襲している。このうち、大阪地判平成〇・〇・〇は、売主が品質保証について確約して、売主に格別の義務を負うような場合であっても同条が適用されるとしている。

　　　　したがって、仮に 1 審原告に検査義務違反という債務不履行があった場合であっても、同条により解除はできないことになる。

　　⑵　東京地判平成〇・〇・〇について

　　　　この点、原判決は、被控訴人が挙げた東京地判平成〇・〇・〇を根拠に売主に検査義務違反があるような事案については同条の適用はないと判示する。

　　　　しかしながら、この裁判例は、…としたものであり、特殊な事例における判断である。また、この事案は、…という事案である。〇のような本件とは事案が全く異なる。また、この事案では、〇の点でも本件とは大きく異なる。

　　　　以上、債務不履行の場合でも同条は適用されるものであり、特に本件のように引渡しから 1 年近くの年月が経過した後に、異物の混入経路が不明というような本件のような場合にこそ、同条が本来的に適用されるべきものである。

（d）相手方の主張に対する反論　　あるべき判決を提案した後には（あるいはその中で）相手方の主張に対する反論も展開していく。敵は原裁判所ではなく、相手方である。原審の準備書面で主張したことは繰り返しになるが、原審での主張を控訴審の裁判官がどの程度深く読んでいるかは人によって異なるから、よく読んでもらえる控訴理由書の中で簡単でもよいのでふれておくのが望ましい。その中で相手方の主張が不当であることが浮き彫りになれば、控訴審の裁判所にこちらの筋やストーリーに乗ってもらえやすくなる。

（e）上告審を意識しての主張　　控訴審で原判決が覆る可能性は高いわけではない。そうすると、控訴審で控訴人の主張が認められなかったこともある程度見越したうえで、つまり、上告審を意識したうえで、控訴理由書を展開しておくことも重要である。上告理由は、民訴法312条1項および2項に規定されているが、ここでは同条2項6号が規定する「判決に理由を付せず、又は理由に食違いがあること」を意識すべきである。控訴審の裁判官に、合理的な理由なく控訴棄却すれば、理由不備または食い違いが上告理由になり上告審においてその点が審理されることになることを意識させるのである。反対からいえば、控訴理由書において展開した論点を退けるのであれば、きちんと理由を付さなければならないことになり、それができない場合には、展開した論点についてこちらが提示した案に乗ってもらうということを裁判官に意識してもらうような控訴理由書にするということである。

【上告審を意識させる主張の例】

第4　原判決の法令の解釈適用の誤り、理由不備の違法等について（まとめ）

　　原判決は、以上のとおり、

①　異物混入の時期について審理不尽の結果、採証法則に反して理

由不備の違法を犯し、

② 控訴人が検査を怠ったとの事実認定をした点については論理矛盾を犯し、

③ 契約解除について民法 543 条の適用解釈の誤り、

④ 債務不履行の場合には、商法 526 条は適用されないと解釈し、判例違反の誤りを犯した。

したがって、その取消しは免れないものである。

（5）控訴答弁書はどのように書くのか

（a）控訴答弁書を起案する時間は限られている　　控訴答弁書は、控訴理由書に対する反論あるいは原判決の妥当性を書き、控訴を棄却して原判決が維持される目的で作成される書面である。控訴理由書は、控訴人が控訴を提起した後 50 日以内に提出されなければならないが（民訴規 182 条）、控訴審の第 1 回口頭弁論期日が指定されるのは、控訴理由書が提出される前になされることが多い。控訴理由書の提出期限から間がないところで期日を入れてしまうと、控訴答弁書を作成する時間が足りなくなる。控訴答弁書を作成する時間を加味して期日を入れたいところだが、裁判所が指定する候補日はそのような余裕を考慮してくれない場合もある。控訴理由書は 50 日間も時間を与えてくれているのに、控訴答弁書の方はそれほど時間の余裕はないと考えておいたほうがよい。

（b）控訴答弁書はやり直しがきかない　　前述のとおり、控訴審はほぼ 1 回で結審し、一定の割合で原判決が覆る。控訴答弁書の作成は絶対に手抜きをしないことが重要である。複数回の弁論が予定されていれば、裁判所の顔色を見ながら主張を追加することも可能であるが、裁判所が当該事件についてどのような心証を抱いているか、わからぬまま第 1 回口頭弁論期日を迎え、そのまま終結してしまい、後でリカバーできないのが控訴審なのである。控訴審の第 1 回口頭弁論期日は、被控訴人としては極めて緊張する場面である。被控訴人

にとっても控訴審において提出する書面は重要であり、後悔しないために控訴答弁書はきっちりと書かなければならない。

（ｃ）控訴答弁書をどのように書くかは控訴理由書による　　控訴答弁書をいかに書くかは、控訴理由書がどのようなものかによって異なる。控訴理由書が原審からの主張の繰り返しの場合は、控訴答弁書は原審での主張をまとめ、当該事件のキーとなるべき論点が何かを端的に示せばよい。原判決の妥当性を主張してもよい。

これに対し、控訴理由書において、新たな主張が展開されている場合は、主張の趣旨をよく検討したうえで丁寧に反論していく必要がある。控訴人が書証を新たに提出した場合も、反証の必要がないか検討し、必要があれば陳述書を含め積極的に提出していくべきである。前記のとおり控訴答弁書はやり直しがきかないので、特に控訴人が新しい主張をしてきたときには、誤解をしないように主張の趣旨、その目的を検討し、的確な反論を書かなければならない。

Check Point

□控訴審は１回勝負であることを前提に臨むべきである。
□控訴理由書は、原審での主張の焼き直しや原判決への批判に
　終始するのではなく、原判決と異なる視点を提示する。
□控訴理由書の中であるべき判決を提案する。

2　上告審と上告理由書・上告受理申立理由書

ノボル弁護士の独り言

　第１審で勝訴していたのに、相手方に控訴され逆転敗訴してしまった。依頼者は最高裁で「再逆転しましょう」というが、最高裁の「狭き門」をこじ開けるにはどうすればよいのだろうか。そもそも、上告と上告受理申立てをどうやって使い分けるのだろうか。上告理由や上告受理申立

理由にはどんなことをどうやって書けばよいのだろうか。

(1) 上告審の実態

（a）**原則書面審査**　　上告審で口頭弁論が開かれるのは、原判決を破棄する場合や憲法判断をする場合に限られるのが原則である。上告が不適法である場合や上告理由がない場合は決定で棄却され（民訴317条）、そのほか上告裁判所が上告理由書などから上告に理由がないと判断すれば、口頭弁論を経ずに上告を棄却することができるとされている（同319条）。つまり、上告裁判所は上告理由書における不服申立ての限度で原判決の当否を裁判し（同320条）、法律審として上告理由の有無については書面のみで判断できるというものである。したがって、上告状、上告理由書、上告受理申立書、上告受理申立理由書といった書面の審査が中心となる。上告審は控訴審までの事実認定を前提にするから、証拠の提出もできない。したがって、限られた上告事由、上告受理申立事由をいかに説得的に書くかで上告審の勝負が決まる。上告審の門戸が狭いといわれるゆえんである。

　ちなみに司法統計によると、民事事件について2014年の上告数は2020件、このうち原判決を破棄したものが3件である。また、上告受理申立ての件数は2614件、このうち原判決を破棄したものが29件である。この数字を見ただけでも、「控訴審がだめでも最高裁で勝負しよう」という判断が無謀であることは明らかである。最高裁は、基本的には訴訟当事者の救済よりは、法令解釈のために機能していると考えた方がよい。

（b）**上告理由、上告受理申立理由が限られている**　　上告審は、法律審なので控訴審までの事実認定は原則として争えないし、上告理由と上告受理申立理由も法律で限定されているから、書面審査の中で主張できる材料も限られていることになる。上告理由がないのに上告しても決定で棄却されるだけであるから、上告理由や上告受理申立理由をどのように構成するかは極めて重要となる。

法律上、上告理由とされているのは、憲法解釈の誤りや憲法違反、手続上の違反や判決に理由を付けず、または理由に食い違いがあることなど重大な手続違反に限られている（民訴312条1項、2項）。なお、簡易裁判所の判決に対する上告は法令違反を理由とすることが可能である（同条3項）。

上告受理申立ては、最高裁判例に反することや法令解釈に重要な事項が含まれる場合に、上告審として事件を取り扱うように求めるものであり、上告受理申立理由もこれらに限定されることになる。

（2）上告状・上告受理申立書の作成の仕方

（a）形式　　形式については、各地の裁判所のウェブサイトに注意事項・雛形が掲載されており、参考になる。たとえば、東京高裁は次のとおりである（https://www.courts.go.jp/tokyo-h/saiban/tetuzuki/syosiki/index.html）。

（b）各記載事項　　（i）当事者　　当事者の表示は、訴状と同様である。

上告状の場合、上告する者が「上告人」、上告の相手方が「被上告人」となる。

上告受理申立書の場合、申立てをする者が「申立人」、その相手方が「相手方」と表記される。

（ii）年月日　　年月日の記載は、必ず記載しなければならない（民訴規2条1項4号）。実際に申立てをした日を記載するのが一般である。

（iii）宛名　　宛名は上告裁判所である。原審が高裁の場合は最高裁が、原審が地裁の場合は高裁が、上告裁判所となる。

（iv）訴訟物の価額　　訴訟物の価額は、控訴状と同様に、上告により不服の申立てをする額である。

（v）上告する旨　　原審（控訴審）の判決に対して上告をする旨は、たとえば「上記当事者間の〇〇高等裁判所令和〇年（ネ）第〇号〇請求控訴事件につき、同裁判所が令和〇年〇月〇日言い渡した判決

（令和〇年〇月〇日上告人に送達）は不服であるから上告する」といったように記載する。

　上告受理申立てをする場合は、「上記当事者間の〇〇高等裁判所令和〇年（ネ）第〇号〇請求控訴事件につき、同裁判所が令和〇年〇月〇日言い渡した判決（令和〇年〇月〇日上告人に送達）は不服であるから上告受理の申立てをする」といったように記載する。

　（vi）**控訴審判決の表示**　　控訴審判決の表示は、控訴状の場合と同様、主文をそのまま書くのが実務である。

　（vii）**上告の趣旨**　　上告の趣旨は、「原判決を破棄し、更に相当の裁判を求める」と記載するのが一般的である。

　上告受理申立ての趣旨は、「1　本件上告を受理する。2　原判決を破棄し、更に相当の裁判を求める」と記載する。

　（viii）**上告の理由・上告受理申立の理由**　　上告の理由・上告受理申立ての理由は、「追って提出する」として、別途、上告理由書・上告受理申立理由書を提出するのが一般的である。

（3）上告状・上告受理申立書の提出期限と提出先、手数料

　上告・上告受理申立ての申立期限は、判決正本の送達があった日から2週間以内にしなければならないとされている。期間の計算の仕方等は控訴状で述べたのと同様である（**1(3)**〔99頁〕）。

　上告状・上告受理申立書の提出先は、原審の控訴裁判所である。

　上告・上告受理申立てをする際の手数料は、訴訟物の価額を基準に算出され、訴え提起の際に算出した額の2倍の金額である。請求について判断しなかった場合は通常の控訴提起手数料額の2分の1の額となる。

（4）上告理由書はどのように書くか

　（a）**憲法違反**　　違憲訴訟でない、通常の民事訴訟において憲法違反が問題になる事案はほとんどないといっていい。上告理由とするために無理やり憲法違反を主張しても、決定で上告棄却となるだけである。上告する段になって初めて憲法違反をいっても、取ってつけた

ような印象を与えることが多いようである。鬼丸かおる元最高裁判事は、東京弁護士会の会報『LIBRA 2020 年 9 月号』のインタビューで「最高裁における弁護士の活動で気になった点」（以下「鬼丸メモ」）として「1 審、2 審で憲法違反や判例違反等の主張はしていないのに、上告理由書・上告受理申立理由書で憲法違反や最高裁判例違反の主張をすること。憲法問題等の紛争問題であれば、一審から主張すべきである」と述べている。

　もっとも、理由不備、理由食い違いの主張が上告理由の中核となる場合であっても、憲法違反の主張を行っておけば、法令の定める方式による上告の理由があるとして訴訟記録を上告審に送ることになるため、憲法違反の主張を行っておくことが望ましいとの指摘もある（圓道至剛『企業法務のための民事訴訟の実務解説〔第 2 版〕』387 頁）。

　（ｂ）理由不備、理由食い違い　　絶対的上告理由（民訴 312 条 2 項）には裁判所の構成の違反などの手続上の違法が挙げられるが、そのうち、「判決に理由を付せず、又は理由に食違いがあること」（同項 6 号）がある。このうち、「判決に理由を付せず」は理由不備といい、主文に到達した過程に理由が欠けているか、あるいは不明確な場合をいい、「理由に食違いがあること」とは判決の理由に矛盾があることをいうとされている。具体的には、判決の主文を裏付ける理由が書かれていない、判決の理由の中に食い違う理由が書かれているということを意味するもので、原判決が当事者・代理人が考える理由と異なることを判決理由中で述べていたとしても、理由不備や食い違いにはならない。原判決の理由付けが十分でないとか、説得的でないというものも同様である。鬼丸メモでは「民訴法 312 条 2 項 6 号の理由不備、理由の食い違いの理解不足（当事者や弁護士の思っている事実と裁判所の言う理由が食い違っているということではない。判決の主文を裏付ける理由が書かれていない、判決の理由の中に食い違う理由が書かれているということを意味する）」と指摘されている。

　審理不尽という上告事由も自由心証主義に関する法令違反や理由不

備に該当すると考えられるが、実際のあてはめの部分では、事実認定が誤りであることを指摘して審理が尽くされていないと主張するだけでは上告理由にならない。

(5) 上告受理申立理由書はどのように書くか

（a）判例違反、法令解釈に関する重要事項　　原判決に最高裁判例違反があることは上告受理申立理由になる（民訴 318 条 1 項）。この場合は当該判例を具体的に示さなければならない（民訴規 199 条 2 項、192 条）。すなわち、原判決が判断した事項を具体的に呈示し、その部分について異なる判断をした最高裁判例を挙げて、原判決が最高裁判例に違反することを示す必要がある。鬼丸メモでは「最高裁が考える判例というのは、事案の概要がまったく同じである、それなのに、判決の結果が違うという場合にしか判例違反と言わない」との指摘があるが、事案がまったく同じということは通常考えにくく、このことはどこまで事案を抽象化して最高裁判例と比較するかという程度の問題であると考えられる。抽象化の程度は少ない方が判例違反を言いやすいが、抽象化すること自体が否定されるものではない。要するに、法令の解釈を示すという最高裁の役割に鑑みて、原判決が特定の法令の解釈について従前の最高裁判例と矛盾していないかどうかということから、判例違反があることを論証していくことになる。最高裁判例がないときは、大審院判例または上告審もしくは控訴審としての高裁判例違反が上告受理申立理由となる。

　法令の解釈に関する重要な事項を含む事件については上告受理申立ての対象となる。ここで法令の解釈に関する重要な事項を含む事件とは、その法令の解釈が当該事件を超えて一般的に広く影響する問題に関連し、しかも最高裁がその法令の解釈を示すことが法令解釈の統一のために必要であることを意味する。これを上告受理申立理由とする場合は、当該法令の条項または内容を掲記しなければならない（民訴規 199 条 1 項、191 条 2 項）。当該事案を解決するにあたり特定の法令の適用が問題となっており、その法令について解釈をする必要がある

場合には、当該法令を具体的に摘示し、法令解釈のどの部分が問題であるのか、その点についての解釈が重要であり、法令の統一的な解釈のためには最高裁が解釈しなければならないことを主張していくことになる。この点、鬼丸メモは「法的見解に関し、著名な学者の意見書として提出されるケースがあるが、控訴審までに提出するのが適当（事実の評価意見であれば事実審まで、法律解釈の意見も効果的な活用という観点からは法律審に至るまでの間が望ましい）」と指摘している。法令解釈が争いになる場合に、学者の意見があれば頼もしいかもしれないが、必須なものではない。基本書や学者論文を検討の上、あり得る解釈を展開することも必要である。

（b）事実認定に経験則違反があった場合　　上告審は、原審の適法に確定した事実認定に拘束される（民訴321条）。これを反対からいえば、原審の事実認定に法令違反がある場合には、上告審はこの事実認定には拘束されないことになる。そこで、原審での事実認定に経験則違反があった場合には、法令違反があったことになる。そのため、上告審において経験則違反による事実認定が主張されることになる。特に一定の評価を伴う過失の有無、因果関係の有無など規範的事実に関する認定に不服がある場合は、経験則違反を理由とすることがある。もっとも、そもそも経験則というものが明確ではないから、経験則違反といえるのかどうかがはっきりしていない、単に原審の事実認定について不服を述べているにとどまることも多く、このような場合は上告理由なしとして棄却されてしまう。したがって、経験則違反が上告審で認められることはかなり限定されると考えておくべきである。上記の規範的事実に関しては、事実認定の問題なのか、法律解釈の問題なのか微妙な場合もあるから、経験則違反による事実認定の誤りという構成ではなく、法律解釈や法的評価の誤りという構成による方がよい場合もある。鬼丸メモでは「経験則違反の主張が多いが、実際、多くは事実の評価の違いを主張したいケースであり、二審判決における事実認定を基礎とする上告審判決においては、事実認定を主とする経

験則違反を理由とした上告審判決は期待できない」と指摘されている。

（6）上告と上告受理申立てのどちらをするのか、両者ともにするのか

　民訴法が改正されて上告受理申立ての制度ができた当初は、上告と上告受理申立ての両者をともにするのがよいとされていたこともあった。しかし、上記のとおり、上告理由は憲法違反と手続違反等の絶対的上告理由に限定されている。そもそも、上告とは別に上告受理申立ての制度を設けたのは、上告理由がないのに、原審での事実認定の不服申立てを実質的内容とする濫用的な上告を減らすということにあった。したがって、上告理由がないのに無理やりに上告理由をこじつけて上告をするようなことはすべきではないことになる。上告と上告受理申立ての制度を峻別して、受任している事案をどちらの制度に乗せるべきなのかを吟味したうえで選択すべきである。もちろん、事案の中には、上告と上告受理申立ての両者を選択できる場合もあるが、何が何でも両者を選択する必要はないのである。

　ただ、ここで重要なのは、上告理由とされている事由を上告受理申立書に記載しても、あるいはその逆の場合でも、それは適法な上告ないし上告受理申立てとはされないということである。たとえば、上告受理申立理由とされる法令違反を上告理由書で説得的に主張したとしても、それは上告受理申立てがあったとは認められないことになる。したがって、自分の主張が、判例違反なのか、法令違反なのか、憲法違反なのかといった位置づけを明確にしたうえで、手続を選択すべきことになる。

（7）上告理由書、上告受理申立理由書の作成、提出の注意点

　上告理由書・上告受理申立理由書は、それ自体完結していなければならず、たとえば控訴審段階での準備書面や控訴理由書を援用することはできないとされている（最判昭和 26・4・4 民集 5 巻 5 号 214 頁）。そのため、「○○を引用する」「○○を参照」「○○に記載したとおり」といったことを書いても、○○の部分を読んでもらえるわけではないし、主張として無意味になってしまうので注意が必要である。

また、鬼丸メモは「手続に問題のある訴訟が少なくない。訴訟手続の間違いは、憲法違反なので必ず上告理由になる。これを見つけるためには1回ごとの期日調書を取ることが大事になる」と指摘する。手続違反は上告理由になるので、この指摘はある意味でいわば盲点への指摘であるが、他方で、手続違反があった場合に結論にどのような影響を与えるのかは明らかではない。

　上告理由書・上告受理申立理由書は、上告提起通知書・上告受理申立通知書の送達を受けた日から50日以内に原裁判所に提出しなければならない（民訴規194条）。控訴理由書と異なり、上告理由書の場合は提出期限徒過により、原裁判所は上告却下の決定をしなければならないとされているので注意が必要である（民訴316条1項2号）。この点は上告受理申立理由書も同様である（同318条5項）。

　また、上告理由書・上告受理申立理由書は、控訴理由書と異なり、ファクシミリを利用しての提出は認められていない（民訴規3条1項4号）。遠方から郵送する場合は余裕をもって発送する必要がある。

Check Point

□上告理由と上告受理申立理由を明確に峻別して手続を選択する。

□上告理由となる理由不備、理由の食い違いは自分が考える理由と裁判所のいう理由が異なるというものではない。

◀コラム▶　控訴審受任の際の依頼者の説明

　第1審で敗訴した場合、控訴するかどうかを検討することになる。依頼者は、控訴審においても第1審と同様に（あるいは同じ程度でなくともある程度は）時間をかけて審理してもらえると思っている

ことが多い。しかし、原則1回で結審して結果も変わらないとすると、依頼者は不満をもつことがある。特に、1回で結審してしまったのに弁護士費用だけとられたと感じることもあり、弁護士との間でトラブルになることもある。そのため、控訴審を提起するかどうかの説明の際には、控訴審が1回で結審することが多いこと、したがって、第1審の判断を覆すのは容易ではないこと、それでも一定程度は判断が覆ることがあることを十分に説明したうえで、当該事件ではどうなのか、その見通しとそのための弁護士費用の算定根拠をわかりやすく説明しておく必要がある。

　控訴審では第1審とは別の角度や新しい視点で事件を分析するために、新たに弁護士に入ってもらうことも有益であるが、弁護士が増えることによって弁護士費用が増えることにもなる。第1審を担当した弁護士は事件について事情をよく知っているからそのまま受任することが多く控訴理由書の起案など控訴審での役割も多いから少ない弁護士報酬で受任するわけにはいかないという事情もあろう。新たに加わってもらった弁護士の役割、たとえば第1審の記録を読んで感想を言ってもらうとか、控訴理由書の構成について助言をもらうとかにとどめるなど、その役割に応じて弁護士報酬の分配も検討することになろう。　　　　　　　　　　　　　　　　　　［市川　充］

［市川　充］

第 **2** 章

証拠資料の収集

Ⅰ…基本的な資料収集の方法

1　どのような方法があるか

　　　ノボル弁護士の独り言

　　　　受任した事件の証拠を弁護士が収集しなければならないときって、ど

　　　んな手段がとれるかなあ。立証のためだけじゃなくて前提となる事実関

　　　係を調査したり確認したりするための資料収集も必要だし……。

　弁護士が事件を受任したとき、事実関係に関係する資料や主張の根
拠となる資料については依頼者から入手することが基本となろう。し
かし、必要な資料のすべてを依頼者から入手できるとは限らず、弁護
士自ら資料の収集を試みなければならない場合も少なくない。

　また、依頼者からの説明だけに依拠したのでは（あえて言えば依頼
者の話を「鵜呑み」にしていては）、事件の見通しを誤り、依頼者に対
して適切な助言ができず、却って依頼者の利益に反する結果を招くこ
ともある。したがって、弁護士には、依頼者からの説明を前提にしつ
つ、自ら資料を収集してそれが客観的に裏付けられるかを確認したり、
不明な点を調査したりするという姿勢が求められる。

　こうした資料の収集方法はケースによって様々なものがあるが、基
本的なものとしては、職務上請求、弁護士会照会、文献やインターネ
ットを利用した調査、現地調査、民事訴訟法上の手続を利用した調査
などが考えられる。

2　職務上請求

　　　ノボル弁護士の独り言

　　　　ボスから相手方の住民票を職務上請求で取得するように指示されて、

そのまま事務員に頼んでしまったけれど、そもそもどんな制度なんだろう。不当な職務上請求が問題になることもあるようだから、制度の仕組みやルールをちゃんと理解しておかないといけないなあ。

（1）職務上請求とは何か

弁護士は、受任した事件や法律事務を処理するにあたり、または破産管財人、後見人、相続財産管理人等としての職務を遂行するにあたり、戸籍謄本等や住民票の写し等を取得することができる。

弁護士が戸籍謄本等や住民票の写し等を職務上請求によって取得するためには、日本弁護士連合会が発行する専用の請求用紙を使用しなければならない。これには次のものがある。

①依頼者から委任を受けた代理人として使用するもの

・戸籍謄本等職務上請求書……A 用紙

・住民票の写し等職務上請求書……B 用紙

②破産管財人等の業務に使用するもの

・戸籍謄本等職務上請求書……C 用紙

・住民票の写し等職務上請求書……D 用紙

このように、依頼者からの委任を受けた代理人として請求する場合と、破産管財人等の職務の遂行にあたって請求する場合とでは使用すべき用紙が異なるので注意が必要である。

（2）職務上請求書の入手と管理

職務上請求用紙は、所属する弁護士会で購入することができるが、購入した弁護士はこれを厳重に管理しなければならない。請求用紙にはシリアルナンバーが振られていて、万一紛失したり盗難に遭ったりしてしまったような場合にはその旨を届け出る必要がある。なお、日弁連では、職務上請求用紙の紛失状況を公表している。

また、職務上請求用紙は「弁護士ごと」に必要なので、同じ事務所に所属しているからといって、A 弁護士が購入した用紙を B 弁護士が自身の受任事件のために使用することはできないことに注意を要す

る。

（3）請求の方法

　戸籍謄本等の交付を郵送で請求する場合は、職務上請求書に必要事項を記入して、手数料相当額の定額小為替証書、切手を貼付した返信用封筒を同封して市区町村の担当部署宛に送付する。送付先や手数料の額は、あらかじめ市区町村の WEB サイト等で確認すると良い。なお、定額小為替証書は、ゆうちょ銀行や郵便局の貯金窓口で購入することができるが、有効期間は 6 か月間であり、購入 1 枚につき 100 円の手数料がかかる（たとえば、額面 50 円の定額小為替証書を 1 枚購入する場合も 100 円の手数料を支払わなければならない）。

　市区町村の窓口で交付を請求する場合には、手数料を現金で支払えるので定額小為替証書を用意する必要はないが、自身が弁護士であることを証する身分証明書（記章か日弁連発行の身分証明書）の提示を要する。なお、事務員に窓口に行ってもらう（事務員を使者として請求する）場合には、事務員が弁護士会発行の職員証を提示するか、弁護士の委任状と事務員の身分証明書（運転免許証など）を提示することが必要となる。

（4）請求にあたっての留意点

　職務上請求は、戸籍法や住民基本台帳法に基づき認められるもので、法律上認められた目的の範囲でのみ行うことができるものである。職務上請求書には、利用目的を具体的に記載する必要があり、たとえば、貸金返還請求事件を受任し、訴訟を提起するにあたり相手方である債務者の所在を調査するために住民票の写しの交付を請求する場合は、「貸金返還請求事件の訴訟手続代理の準備のため」などと記載することになる。

　法律上認められた目的の範囲を超えて職務上請求を行うことは許されず、そのような行為に及んだ場合は懲戒処分の対象となり得る。ルールを逸脱した職務上請求が許されないものであることなど自明のことのように思われるかも知れないが、実際に、職務上請求用紙に虚偽

の目的を記載して請求したことにより懲戒処分を受けた事例が相当数ある。「弁護士に頼めば他人の住民票などを取得できる」と依頼者などが誤解しているような場合もあり、職務上請求が許される事案ではないにもかかわらず「この人が今どこにいるのか調べてもらえませんか」などと頼まれることがあるが、弁護士はそのような依頼を安易に請けないようにしなければならない。まして、弁護士自らが不適切な職務上請求をすることがないように、制度に対する正しい理解が不可欠である。

　また、職務上請求によって取得した情報を依頼者に開示する際には、相手方や第三者のプライバシー侵害に留意しなければならない。取得した戸籍謄本や住民票の写し等をそのまま依頼者に交付することは原則として避けるべきであるし、それ自体を交付する必要がある場合でも不必要な情報が記載された部分はマスキングをするなどの工夫をすべきである。また、取得した戸籍謄本等を交付しないとしても、依頼者にそこに記載された情報を開示するにあたっては、相手方や第三者のプライバシーへの配慮が求められる。具体的には、開示する情報は、受任事件を遂行するために依頼者と共有することが必要な範囲に限定し、情報の取扱いについて依頼者に注意をしておくことなどが考えられる。

（5）本人通知制度

　市区町村によっては、第三者が戸籍謄本や住民票の写しを取得した場合に、その事実を本人（通知を希望する旨を登録している者）に通知する制度がある。したがって、法的手続の準備のために戸籍謄本等を取得することが必要な場合でも、相手方にその事実が知られると不都合があるとき（民事保全手続など手続の密行性が求められるとき）などは、職務上請求を行うかどうかについて慎重な検討が必要となる。

　日弁連の会員専用サイトには、この制度を採用している市区町村が掲載されているが、さらに慎重を期するのであれば、職務上請求に先立って当該市区町村に問い合わせた方が良い。

3 弁護士会照会

ノボル弁護士の独り言

　弁護士会照会を利用して訴訟提起の準備のための調査をしてみようと思っているけれど、弁護士会の審査で認めてもらえるかな。費用もかかるから、回答が得られないようならやっても仕方ないしなあ。

(1)弁護士会照会制度の概要

　弁護士会照会制度とは、各弁護士が受任している事件について所属する弁護士会に対し、公務所または公私の団体に照会して必要な事項の報告を求めることを申し出ることができ、申出を受けた弁護士会が当該申出に基づき、公務所または公私の団体に照会する制度であり、各弁護士会は、当該申出が適当でないと認めるときは拒絶することができるとされている。

　これは弁護士法 23 条の 2 に基づく制度で、一般的に「23 条照会」などとも呼ばれる。

　弁護士会照会制度の趣旨は、弁護士が受任している事件を処理するために必要な事実の調査および証拠の発見収集を容易にし、事件の適正な解決に資することにあると解されている（最判平成 28・10・18 民集 70 巻 7 号 1725 頁）。

　前記のとおり、弁護士会照会による照会の相手方は「公務所又は公私の団体」と範囲が広く、また、後記のとおり照会を受けた者は原則として回答義務を負うと解されていることなどから、弁護士にとっては非常に有力な資料収集の手段となっている。近時は、金融機関を照会先とする弁護士会照会が増加しており、2019 年では弁護士会照会の総受付件数は 22 万 1928 件となっている。

　また、弁護士が弁護士会照会を利用する際には、所属弁護士会の所定の書式を利用するなど、各弁護士会が定めるルールに則る必要がある。大規模な弁護士会では、弁護士会照会制度を利用する際のマニュアルが発行されていることが多く、所属弁護士会が発行するマニュア

ルがある場合には、これを手許に備えておくことが必須である。こうしたマニュアルには、一般的な照会申出書の書き方などだけではなく、照会先に応じた照会を求める理由や照会を求める事項などの記載例も掲載されているので、所属弁護士会以外のものであっても弁護士会照会制度を利用する際の参考になる。

（2）制度を利用する際の留意点

（a）受任している事件に限られること　弁護士が、弁護士会照会制度を利用して弁護士会に照会の申出ができるのは、「受任している事件について」であることに注意が必要である。弁護士の個人的な興味や関心に基づく申出ができないことは当然のこととして、受任事件の処理における必要性から離れた事実調査や資料収集のために利用することも認められない。

なお、破産管財業務や民事再生の監督委員としての業務などは受任事件に含まれるが、行政委員会や審査会などの委員としての事務処理は受任事件とは認められないと解されている。

（b）照会を求める理由の書き方　照会を申し出るにあたっては、「照会を求める理由」を記載する必要があるが、その際には、受任事件において調査を要する事項との関連性や照会先から回答を得る必要性などを具体的に記載しなければならない。たとえば、単に「相手方との間の訴訟において立証の必要があるため」などと記載するだけでは足りない。他方で、あまりに具体的に記載しすぎると、弁護士としての秘密保持義務との関係で問題となることもあるので注意を要する。しかし、弁護士会照会にあたっては弁護士会の審査を経る必要があるから、照会の必要性などを弁護士会に理解してもらうためにある程度詳細な理由の記載が必要な場合もある。そのため、事案によっては、照会を求める理由について、弁護士会用と照会先用とに分け、前者に詳細な理由を記載して、後者には概要のみを記載するという工夫が考えられる。

また、照会を求める理由の中で、ことさらに自己の正当性を強調し、

訴訟等の相手方をおとしめるような記載がよく見受けられるが、こうした記載も不適切である。そもそも、照会をするのは個々の弁護士ではなく弁護士会である、ということを忘れてはならない。また、事実関係が確定していない状況において、「相手方は……などと不合理な反論に終始しており」とか「相手方の対応は極めて不誠実であり」などと相手方をことさらに非難するような表現は避けるべきである（そもそも、そのような記載をすることは照会との関係でも全く意味がない）。

　仮に、照会申出書の内容が相手方の知るところになれば、相手方への配慮を欠くような記載をしたことによって、照会を申し出た弁護士と相手方との間でのトラブルに発展するおそれもある。

（3）照会先の報告義務

　照会先の報告義務に関して判例は、「23条照会を受けた公務所又は公私の団体は、正当な理由がない限り、照会された事項について報告をすべきものと解される」（最判平成28・10・18民集70巻7号1725頁）としている。

　この「正当な理由」の有無は、照会の必要性、相当性と回答を拒絶することで保護される法益との比較衡量によって個別の事案ごとに判断されることになる。たとえば、単にプライバシーを保護しなければならないというだけでは回答拒絶の正当な理由とはならない。また、個人情報保護法との関係でも、弁護士会照会は弁護士法に基づくものであり「法令に基づく場合」（個人情報保護法16条3項1号、23条1項1号）に該当することになるため、個人情報保護法は、弁護士会照会への回答を拒否する理由にならないことにも留意が必要である。

　弁護士は、弁護士会照会を受けた企業などから、回答すべきか否か、どのように対応すべきかなどについて相談を受けることもあるため、報告義務についても正確な理解が求められる。

　なお、こうした報告義務に関する議論にかかわらず、実務上はプライバシー、個人情報保護、営業の秘密、守秘義務などを理由に回答が得られないケースも少なくないということは、弁護士会照会を利用す

るにあたって理解しておく必要がある。

（4）回答を得やすくするための工夫

　照会先は、通常は法律の専門家等ではないし、照会を申し出た弁護士の受任事件と関係がない純然たる第三者であるということをふまえて、照会を求める理由や照会事項の記載をなるべくわかりやすく書くための工夫が必要である。

　特に、受任事件が複雑な事案である場合などは、照会を求める理由の記載がわかりにくいものになりがちであるので注意を要する。

　また、照会申出に先立ち、弁護士が照会先と事前のやりとりをして、弁護士会照会制度の説明や照会を求める理由、回答を得たい事項などを十分説明し、照会先の理解を得ておくことは非常に有効である。そうしたやりとりの中で、照会先から「この点は回答できない」とか「このように質問してもらえれば回答できる」とかいった話がなされ、それを受けて照会を求める事項の記載を工夫することもあるし、ときには「そのようなことを知りたいのであれば、○○という資料がある」といった有益な情報を得られることもある。

　ただし、照会先と受任事件の相手方との間に何らかの関係がある場合には、このような事前のやりとりをすることによって受任事件の相手方に情報が伝わってしまう可能性があることには留意しなければならない。

　なお、回答に代えて、資料の写しを交付してもらう場合も多い。特に、照会事項（回答事項）が多岐にわたり、照会先としても、それにいちいち回答するより資料の写しを交付した方が簡便である場合もある。その場合には、照会事項の部分に「ご回答に代えて～の写しをお送りいただく形でも結構です」などと添え書きしておくと良い。

4　裁判上の証拠収集方法

　　ノボル弁護士の独り言

　　　立証のために調査嘱託申立てをしようと思っているんだけど、修習で

見る機会もなかったし、やり方がよくわからないなあ。民訴法では、他にも色々な手段があった気もするし、制度を確認した方がいいな。

（1）文書送付嘱託

　書証の申出の方法の一つであり、訴訟の当事者が裁判所に申立てを行い、裁判所が文書の所持者にその文書の送付を嘱託する手続である（民訴226条）。ただし、当事者が法令により文書の交付を求めることができる場合には、この手続による必要がないため申立ては認められない（同条但書）。

　文書送付嘱託は、①文書の表示、②文書の趣旨、③文書の所持者、④証すべき事実を記載した文書送付嘱託申立書を裁判所に提出することによって行う。実際に文書の所持者に対してその送付を嘱託するか否かは裁判所の判断によるので、申し立てたからといって必ずそれが採用されるわけではない（申立てを却下する決定に対しては、独立して不服を申し立てることはできない）。当然のことながら、当該裁判手続における重要な主張や争点との関連性が明確であればあるほど、裁判所が嘱託を実施する可能性は高くなる。

　なお、文書送付嘱託の申立てが採用されると、送付費用の予納を求められる。

　裁判所から送付嘱託を受けた文書の所持者が、これに応じなかったとしても特に制裁はないが、文書の所持者が裁判所からの嘱託であれば応じるという姿勢であることが多いこともあって、文書送付嘱託は実務上も比較的よく利用されている。

　文書の所持者が送付嘱託に応じた場合、当該文書の原本または正本か認証謄本を裁判所に送付することになるが（民訴規143条1項）、これを証拠化するためには、当事者が当該書類を謄写した上で、書証として提出する必要がある。

（2）調査嘱託

　ある者が所持する資料から容易に客観性の高い結果を得られる事項

について、裁判所が必要な調査を嘱託する制度である。民訴法では、裁判所は必要な調査を官公署、学校、商工会議所、取引所その他の団体に嘱託することができるとされており（民訴186条）、裁判所が職権で行うこともあるが、実務上は、当事者が裁判所に申し立てることによって行われることが多い。

　当事者が申し立てる場合、①証明すべき事実、②嘱託先、③調査事項を記載した調査嘱託申立書を裁判所に提出する。その申立てを採用するか否かは裁判所の判断によるが、実務上は、申立てに合理性があれば、裁判所は相手方の意見を聴いて、相手方が特に異論を唱えない場合には比較的積極的に調査嘱託が実施されているようである。なお、調査嘱託を実施することになった場合に費用の予納を求められる点は、文書送付嘱託と同様である。

　嘱託先は、これに応じなくても制裁を受けることはないが、一般公法上、嘱託に応じる義務を負っていると解されている（東京高判平成24・10・24判時2168号65頁）。弁護士会照会では照会先が回答を拒んでいるようなケースでも、裁判所からの嘱託であれば回答するという場合が少なくないので、証拠資料の収集においては有効な手段となっている。

　嘱託先からの報告書（回答）を証拠とするためには、裁判所が口頭弁論においてこれを提示して当事者に意見陳述の機会を与えれば足りる（最判昭和45・3・26民集24巻3号165頁）が、当事者が結果を書証として提出しても構わない。

（3）文書提出命令

　裁判所が文書の所持者に対し、当該文書を裁判所に提出するよう命令するものである（民訴223条1項）。

　第三者が所持している文書については、まずは任意の提出を求め、状況に応じて文書送付嘱託を利用することになるから、文書提出命令はそうした方法では提出を受けることが期待できない状況において利用されることになる。

また、相手方が文書を所持している場合においては、文書提出命令を申し立てると、裁判所が相手方に対して任意の提出を促すことが多い。

　文書提出命令が出された場合において相手方がこれに従わないときには、裁判所は、当該文書の記載に関する申立人の主張を真実と認めることができる（民訴224条1項）。相手方が、申立人の使用を妨げる目的で提出義務がある文書を滅失させ、その他当該文書を使用できないようにしたときも同様である（同条2項）。なお、「文書の記載に関する主張」とは、文書の性質、内容、成立の真正についての主張をいい、当該文書により証明すべき事実を真実と認めるものではない。ただし、相手方が当該文書の記載に関して具体的な主張をすることおよび当該文書により証明すべき事実を他の証拠により証明することが著しく困難であるときは、裁判所はその事実に関する相手方の主張を真実と認めることができる（同条3項）。

（4）証拠保全

　裁判所が、あらかじめ証拠調べをしておかなければその証拠を使用することが困難となる事情があると認めるときに、申立てによりあらかじめ証拠調べをする手続である（民訴234条）。

　証拠保全をするには、「あらかじめ証拠調べをしておかなければその証拠を使用することが困難となる事情がある」ことを疎明しなければならない。具体的には、相手方による書証等の改ざんや廃棄、滅失、性状等の変更といった事情や証人の生存が危ぶまれる場合などが挙げられる。

　証拠保全は、医療訴訟において、医療機関側によるカルテ等の改ざんのおそれがあることを根拠によく行われる。医療訴訟に関与しない弁護士は、自ら証拠保全を申し立てるケースは決して多くはないと思われるが、証拠保全を利用することが有効な場面は医療訴訟に限られるわけではないし、自身の依頼者に対して証拠保全が申し立てられた場合に適切に対応するために、その手続の概要を把握しておく必要が

あろう。

（5）その他の証拠収集方法

　その他、証拠収集に関係する民事訴訟法上の制度としては、鑑定嘱託（民訴 218 条）、検証物送付嘱託（同 232 条、226 条）、検証物提示命令（同 232 条）などがある。このうち、鑑定嘱託は、裁判所が官公署や法人など相当の設備を有する法人に鑑定を嘱託するという制度であり、親子関係の有無を判断するための DNA 鑑定、製品などの欠陥や性質を明らかにするための鑑定などにおいて用いられる。

裁判官はこう見る――文書送付嘱託と調査嘱託の使い分け

　文書送付嘱託、調査嘱託は使い分けが重要である。基本的には、文書の存在がうかがえ、当該文書を提出してもらいたい場合は文書送付嘱託、一定の客観性の高い回答を求めたいものは調査嘱託といえるが、文書の存否が定かでない場合には調査嘱託を行い「回答に関する文書が存在すればその提出を求める」とすることもある。

　調査嘱託事項の適否（客観性の高い回答を求めるものか）で検討を要することもある。反対尋問を要する回答が想定される場合は調査嘱託としては採用できないであろう。そのような回答を求めたい場合は証人尋問が原則となる。なお、裁判所が「相当と認める場合」書面尋問もできるが（民訴 205 条）、反対尋問事項も含む質問の準備作業にかなりの時間を要すること、それでも十分な回答を得られない場合や意味を取り違えた回答がされる場合も多いことから、実施には消極的な裁判官も少なくないと思われる。

◀ コラム ▶　弁護士会照会と民事訴訟法の手続との使い分け

　本文に記載したとおり、弁護士会照会は弁護士が事実関係を調査する際に極めて有用な手段であるが、照会先から原則として個人が

除外されているという限界がある。また、弁護士会照会を受けた者は一般的には回答義務があると解されてはいるものの、回答拒否に対してペナルティはなく（別途、損害賠償義務を負う場合がないわけではないがレアケースである）、企業などは情報の開示に対して極めて慎重であることから、思うように回答が得られない場合も少なくない。

　そのような場合には、文書送付嘱託や調査嘱託といった方法を検討すると良い。弁護士会照会に対して回答することには消極的な場合でも、裁判所からの嘱託には協力してくれる場合は多い。もちろん、裁判所からの嘱託を利用する場合であっても、可能であれば照会先と事前にやり取りをし、どのような方法で照会すれば回答が得られるかを確認しておくと良い。なお、あまり一般的ではないが、文書送付嘱託や調査嘱託などは、一定の要件を備えれば、訴えの提起前にも可能である（民訴132条の4）。

　また、手段の選択にあたっては、費用の問題も検討しなければならない。弁護士会照会については、弁護士会によって異なるが5000円〜1万円程度の費用を弁護士会に支払う必要があるから、照会先が多岐にわたるようなときは、依頼者にとって無視できない負担額になる場合がある。また、どの制度を利用するにしても、回答をする側に実費や手数料を支払わなければならない場合があり、送付を求める資料の量が多い場合などはそれなりのコストがかかることにも注意を要する。　　　　　　　　　　　　　　［安藤知史］

5　発信者情報開示請求

　インターネットやSNSの利用が拡大するに従い、インターネット上でのやりとりを巡るトラブルも増えてきており、弁護士がそのような相談を受ける機会も珍しくなくなってきている。たとえば、インターネット上に名誉毀損にあたる書込みがなされた場合、そのような書込みをした者に対して損害賠償請求をすることが考えられるが、その前提として、その者を特定する必要がある。

一般的には、まずコンテンツプロバイダに対して IP アドレスの開示請求を行うことから始めることになる。当該書込みによる権利侵害が明白であるケースなどは、コンテンツプロバイダが任意に開示に応じる場合もあり、そのような場合は、プロバイダ責任制限法ガイドライン等検討協議会が策定した「発信者情報開示請求書」の書式を利用するなどして、コンテンツプロバイダに対して開示請求をする。

　しかし、このような任意の開示によって IP アドレスを取得できることはそれほど多くはなく、発信者情報消去禁止の仮処分という形で裁判手続を経ることが多い。この場合における被保全権利は、発信者情報開示請求権となり、この手続の中で自己の権利が侵害されていることなどを疎明することとなる。裁判所の仮処分決定が出た場合には、コンテンツプロバイダが IP アドレスの開示に応じるのが通常である。

　IP アドレスを取得したら、それに基づきインターネットサービスプロバイダを調べ（WHOIS により、IP アドレスの登録者を調べるのが一般的である）、インターネットサービスプロバイダに対して、当該 IP アドレスにかかる契約者情報の開示を求めることになる。

　ここでも任意の開示を求める場合がないわけではないが、インターネットサービスプロバイダが任意に契約者情報を開示することはほとんどない。そのため、インターネットサービスプロバイダを被告として通常訴訟で契約者情報の開示を請求することとなる。

　また、インターネットサービスプロバイダでは、ログの保存期間が定められており、その期間を経過するとログが削除されてしまうことがあるので、依頼（相談）を受けた時点で、この時間的な制約の問題を意識し、必要に応じてインターネットサービスプロバイダに対してログの保存を請求するなどの手当てが必要となる。

　なお、発信者情報の開示に関しては、令和 3 年 4 月にいわゆるプロバイダ責任制限法が改正され、新たに「発信者情報開示命令」制度が創設された。これは、前記のとおりこれまで「二段階」に分かれていた手続を一本化し、非訟手続により発信者情報の開示を受けること

を可能とするものである。具体的には、コンテンツプロバイダに対して発信者情報開示命令を申し立て、この手続においてインターネットプロバイダの開示を受けた上で、インターネットサービスプロバイダを相手方として、発信者の住所や氏名の開示命令の申立てをするという手続が予定されており、これを一つの流れとして、同じ裁判所で審理するものである。この改正法下での実務がどうなるかについては、今後の省令改正等を見守る必要があるが、発信者情報開示制度の実務を大きく変えることになると思われる。

◀ コラム ▶ 相手方に本名などを知られたくないケース

　インターネット上のトラブルに関する事件では、互いに面識がないばかりか、本名すらもお互いに知らないことも多い。また、たとえば YouTuber としてはハンドルネームを用いて活動しており、本名は明かしたくないといったケースもある。そのようなケースでは、法的手続をとることで相手方に本名を知られることを避けたい（匿名で訴訟を提起するなどしたい）という相談を受ける場合がある。

　現在の裁判実務では、一定の場合には住所等の秘匿が認められることはあるが、氏名を秘匿すること（匿名訴訟）は認められていない（薬害エイズ訴訟では匿名訴訟が認められたようであるが、これは極めて例外的なケースである）。

　したがって、現状では、相手方にも本名を知られたくないという場合には、法的手続は断念せざるを得ない。相手方からの報復が懸念される場合なども含め、匿名訴訟については一定のニーズがあるものと思われ、今後の制度的な課題ということができるであろう。

[安藤知史]

[安藤知史]

II…当事者を特定するための方法

ノボル弁護士の独り言

　受任した貸金返還請求事件の相手方の所在がわからない……。数年前に住んでいたところはわかっているから、そこから住民票で住所を追ってみるか。それ以外に、相手方の住所を特定する方法はないかなあ。

1　戸籍謄本・住民票

(1)戸籍から得られる情報

　戸籍から得られる主な情報としては、以下のようなものがある。
　・本籍
　・戸籍筆頭者
　・戸籍登載者の氏名
　・戸籍登載者の出生、婚姻、離婚、養子縁組・離縁、死亡の日および場所などの身分事項

　戸籍謄本を入手する必要が生じる典型的なケースが、遺産分割事件などを受任した際に相続関係を調査する場合である。この場合、被相続人の出生時から死亡時までのつながった戸籍を揃えなければならない。通常は、死亡時の本籍地の市区町村に、死亡時の戸籍謄本を請求するところから始めて、順次時期を遡って請求していくという方法がとられる。一つ前の戸籍をどこに請求するかについては、改製による新戸籍編製の場合は、旧戸籍は直近の戸籍と同じ本籍地になるため、直近の戸籍と同じ市区町村に請求することがわかる。他方で、分籍により当該戸籍が編製された場合は、個別事項欄をみると元の戸籍が記載されているため、当該地の市区町村に請求することとなる。

（2）住民票から得られる情報

住民票から得られる主な情報としては、以下のようなものがある。

・氏名

・出生年月日

・男女の別

・住民となった年月日

・住所

・一つの市区町村の区域内において新たに住所を変更した者については、その住所を定めた年月日、新たに市区町村の区域内に住所を定めた者についてはその住所を定めた旨の届出の年月日

なお、上記の「基礎的証明事項」以外にも、世帯主である者はその旨、世帯主でないものは世帯主の氏名および世帯主との続柄、本籍または国籍・地域についても情報を得ることができる。

（3）外国人について

平成24年の住民基本台帳法の改正により、外国人住民についても住民票が作成されているため、外国人を当事者とする紛争では、外国人に関する住民票を入手して当事者を特定することが可能となる。

外国人の住民票における基礎証明事項は日本人の住民票と同じであるが、外国人については、国籍、在留資格、在留期間、在留期間満了の日、在留カードの番号などが記載されている。職務上請求で外国人の住民票を請求する場合において、これらの事項を知りたいときは、利用目的等を詳細に記載することが求められる。

2 自動車の登録情報

運行の用に供する自動車は、自動車登録ファイルに登録しなければならず（道路運送車両法4条）、登録を受けた自動車の所有権の得喪は、登録を受けなければ、第三者に対抗することができないとされている（同法5条）。そこで、自動車登録事項等証明書によって自動車登録ファイルに記載された事項を確認することで、当該自動車の所有者など

の情報を得ることができる。

　自動車登録事項等証明書は、何人も交付を請求でき、各地の運輸支局または自動車検査登録事務所で手続を行う。ただし、この手続を行うための交付請求書には、自動車登録番号（ナンバープレートの番号等）と車台番号を記載する必要がある。自らが所有し、または管理している自動車でなければ、車台番号を把握することは通常困難であり、弁護士が自動車登録事項等証明書の交付を受けようとする場合には、自動車登録番号のみしかわからないというケースが多いと思われる。その場合には、弁護士会照会制度などを利用することとなる。

　また、軽自動車の場合も、上記の登録の対象外であるため、軽自動車の所有者を調査する場合などはやはり弁護士会照会制度などを利用する必要がある。

　なお、特別の理由がある場合には、自動車登録番号または車台番号のいずれか一方のみで自動車登録事項等証明書の交付請求が認められることとなっている。この「特別の理由がある場合」とは、①私有地における放置車両の所有者・使用者を確認する場合、②裁判手続の添付書類として自動車登録事項等証明書が必要不可欠な場合、③抹消登録されている車両等で自動車登録番号は不明だが、車台番号の全桁は判明している場合である。

3　携帯電話番号（電話番号）

　相手方の電話番号が特定できている場合には、電話会社を照会先とする弁護士会照会によって、契約者の氏名、住所等の情報を得られる可能性がある。この前提として、当該電話番号がどの電話会社に割り当てられているかを総務省のウェブサイトから確認する必要があるが、携帯電話番号については、いわゆるナンバーポータビリティ制度が導入されているため、携帯電話番号から当該番号の指定先携帯電話会社を調べても、その携帯電話会社が当該番号を使用する契約者の情報を有していない場合があるので注意を要する。このため、照会事項に

「当該電話番号がMNP（Mobile Number Portability）により番号転出をしている場合はその事実、及び貴社が該当電話番号の管理事業者であるときは電話番号使用中事業者グループ名」について回答してほしい旨を加えておくことが望ましい。

　なお、電話会社に照会する際には、通信の秘密を理由に回答を拒絶されないように照会事項を工夫する必要がある。たとえば、「相手方に架電したが発信音が鳴るだけで電話に出ない」とか「相手方はこの電話番号から依頼者の携帯電話に電話をかけてきている」といった記載をすると、個々の通信に密接に関係することがうかがわれるとして通信の秘密を理由に回答を拒絶される可能性がある。こうした留意点については、各弁護士会が発行している弁護士会照会に関するマニュアルで詳しく説明されているので、これらを十分に参照すると良い。

[安藤知史]

III…事実関係を調査するための方法

ノボル弁護士の独り言

　相手方の会社に関する情報を把握するとなれば、商業登記情報が基本だよな。本社ビルは自社所有みたいだから、不動産登記情報も取得してみよう。現地に行って会社の写真を撮ってくることも考えられるけれど、遠方だから費用がかかってしまうなあ。依頼者の負担のことも考えて調査方法を考えないといけないな。

1　不動産登記情報

　不動産登記簿に記録された情報を取得するためには、登記事項を確認することが基本である。

　通常は、所定の手数料を支払って最寄りの法務局で登記事項証明書（登記簿謄本・抄本）の交付請求を行うか、オンラインや郵送で交付請求をすれば登記事項証明書が入手できる。なお、法的な証明力が不要で単に登記事項を確認したいだけという場合には、インターネット上の登記情報提供サービスを利用する（事前の登録が必要）のが便利である。

　登記情報を得ようという場合に、しばしば直面するのが、住居表示はわかっているが当該不動産の地番や家屋番号がわからないというケースである。「住居表示」というのは、郵便物の配達先などに用いられるいわゆる「住所」であるが、地番とは全く異なる表示であるため、住居表示だけでは登記事項証明書の交付は受けられない。

　そこで、ブルーマップで調べる、法務局に問い合わせる、路線価図（インターネット上で公開されている）から調べるといった方法で地番を把握する必要がある。

2　商業登記情報

　商業登記簿に記録された情報を取得する際は、登記事項証明書の交付申請書に必要事項を記載し、所定の手数料を支払って最寄りの法務局で手続をする。申請書には、会社名、会社の住所のほかに会社法人等番号を記載する欄があるが、会社法人等番号の記載がなくても証明書の交付を受けることは可能である。

　オンラインや郵送による交付請求が可能であること、登記情報提供サービスで情報を確認することができることは、不動産登記情報と同様である。

　登記事項証明書には、現在事項全部証明書、現在事項一部証明書、履歴事項全部証明書、履歴事項一部証明書、閉鎖事項全部証明書、閉鎖事項一部証明書、代表者事項証明書がある。

　現在事項証明書は、現在効力がある登記情報を証明するもので、過去に抹消された事項が不要な場合はこれを取得すれば足りる。履歴事項証明書は、現在事項証明書に記載される事項に加えて、過去に抹消された事項を証明するもので、「会社の登記を確認する」などというときは履歴事項全部証明書を取得することが多い。しかし、履歴事項証明書には記載されていない古い情報（請求日の3年以上前の1月1日より前の記録）が必要な場合や合併や本店の移転などで閉鎖された情報を確認する場合には、閉鎖事項証明書が必要となる。

　また、多数の支店が登記されている銀行などの登記情報を得たい場合に、安易に履歴事項全部証明書を取得しようとすると無駄な費用を要し、書類も大部となって添付書類として提出する際にも不便であるから、登記事項証明書の利用目的をふまえて必要な情報が過不足なく入手できる証明書を取得するようにするとよい。

3　固定資産評価証明書・固定資産公課証明書

　固定資産評価証明書は、市区町村役場または都税事務所の固定資産課税台帳に登録されている不動産の評価額（固定資産の評価額）を証

明する文書である。不動産に関する訴訟を提起する際には訴額算定の基礎資料となるものであり、多くの弁護士にとって馴染みのある文書である。それゆえに簡単に取得できるものと考えがちであるが、その認識は誤っている。

　弁護士が固定資産評価証明書の交付を申請する際には、所定の交付申請書を用いる必要があるが、交付を受けられるのは、前記の訴額算定に使用する場合のほか、不動産に関する仮差押え、仮処分の申立てを行う場合、不動産に関する民事調停を申し立てる場合、借地非訟事件を申し立てる場合であり、たとえば、遺産分割事件における相続財産の価格算定の資料としたいといった理由で交付を受けることはできない。そのような場合には、依頼者自身に取得してもらうか依頼者から委任状をもらって申請する必要がある。前記のとおり、職務上請求は法が定めた目的の範囲内で適正に行う必要があり、簡単に入手したいという思惑から交付申請書に虚偽の目的を記載して固定資産評価証明書の交付を請求するようなことがないようにしなければならない。

　固定資産公課証明書は、固定資産評価証明書の記載内容に加えて、固定資産税の課税標準額および税相当額（実際の税額）、都市計画税の課税標準額および税相当額を証明する文書である。これは、対象となる不動産に賦課される固定資産税や都市計画税の税額を把握したい場合に必要なもので、必要となるのは、債権者が債務者所有の不動産について競売を申し立てる場合が典型である。弁護士が、相手方の経済的状況などを把握したいと考えたときなど、相手方が支払っている固定資産税額に関心が生じることもあるが、そのような目的で固定資産公課証明書を取得することはもちろんできない。固定資産公課証明書の交付申請について統一の書式はないため、不動産所在地の市区町村に確認する必要があるが、競売申立てのために交付を請求する場合には、判決書や競売申立書の案などの添付を求められることが多く、そうした添付書類についての事前確認も不可欠である。

4 交通事故記録

交通事故に関する事件を受任した際には、事故の状況等を客観的に確認することが重要であり、弁護士会照会を利用して、実況見分調書や物件事故報告書、信号サイクルなどを照会することが考えられる。

まず、交通事故の実況見分調書については、当該交通事故にかかる刑事事件が送致された検察庁に照会することで入手可能である。なお、東京地検、横浜地検および名古屋地検などでは所定の書式を用いて照会（申出）を行うこととなっている。照会にあたっては、事件を特定するために送致日や検番の記載が求められるので、事前にこれを把握する必要がある。多くの場合は、事件処理をした警察署に問い合わせれば回答してもらえるが、この確認自体についても弁護士会照会によらなければならない地域もあるので注意を要する。

物損事故で交通事故が刑事事件としては立件されない場合には、実況見分調書が作成されないことが通常であるが、その場合でも「物件事故報告書」など事故の状況や事故態様が記載された書類が作成されているので、これを弁護士会照会によって入手することが考えられる。その場合の照会先は、事件処理をした警察署の署長である。

この他、信号サイクルも弁護士会照会によって回答を得ることができる。信号サイクルを照会するにあたっては、回答を得たい信号機を図面などを用いてわかりやすく特定すると良い。なお、警視庁では、交通部交通管制課長が照会先となるが、警察署長宛の照会を求められたり、交通管制の部署名が異なっていたりする場合もあるので、事前に確認する方が確実である。

この他、当事者が比較的簡単に入手できる資料として交通事故証明書がある。これは自動車安全運転センターが発行するもので、ウェブサイトからも申請できる。事故の日時、相手方に関する情報、事故の類型など基本的情報はこれによって確認することができる。

5　現場の調査

　弁護士自らが事件の現場（交通事故の現場、火災の現場など）に足を運んで、写真を撮影するなどして調査をすることが有効な場合もある。現場調査によって、書類や写真などを見ていただけでは気付かなかった重要な事実を発見したという経験談も多い。近時は、インターネット上で現場の近況の画像を入手することも可能であるが、自ら現場に出向く労を厭うべきではないであろう。

　なお、現場調査では、写真を撮影することが通常であるが、写真は撮影のアングルなどによって見る者への伝わりやすさに大きな差が生じる（端的にいえば、証拠価値に差が出る）。撮影にあたっては、調査の目的、事件の争点との関係（立証趣旨）などを十分考慮し、撮影方法を工夫するとよい（もちろん、客観的な事実を歪めることにつながるようなやり方は許容されない）。また、同じ場所でも何枚も写真を撮影しておき、その中から適当なものをピックアップするといったことも有益である。

6　その他

　弁護士が事実関係を調査する方法は上記にあげたものに限らず多岐にわたる。たとえば不動産に関しては、**1** でふれたブルーマップはもとより、公図や建築計画概要書などを確認することもある。また、インターネット上のストリートビューや航空写真などで現況を把握することもある。

　こうした様々な調査方法に関するノウハウは、弁護士としての職務経験を重ねることで蓄積していくという面もあるが、依頼者からアイデアを得たり、専門家に助言を求めたりすることも少なくない。また、日ごろから様々な分野に関心をもって知識を得ておくことも有益である。

裁判官はこう見る──集めた証拠の提出の工夫

　集めた証拠をどのように提出するかも重要な点である。以下、裁判所からみて、証拠提出で工夫をしてもらいたいと思う点をいくつか挙げてみる。

(1)判読しづらい手書きの書面（遺言書や手紙）

　判読しづらい手書き書面について、パソコンで打ち直したもの（反訳文のようなもの）が提出される例もある。これは大いに助かるものである。難読書面を毎回読み解く時間の省略となるし、裁判官と代理人とで読み方の共通認識をもつことができる。もちろん、相手方としては、反訳文の内容が正しいかは確認しておく必要がある。

(2)メールや LINE

　メールや LINE が証拠提出される例は多い。その評価は裁判官によって分かれるものの、紛争に至る前のやり取りという点では、ある程度信用性が高いといえる。もちろん、どのような場面で送られたか、当事者の関係性、返信の意図（よくわからないまま返信した可能性、言葉使いが不十分であった可能性）など慎重に吟味する必要はあるものの、特に証拠に乏しい事件では重視されうる。

　メールの提出に際しては、どのメールに対する返信であるか流れがわかりにくい場合があるため、これがわかるような提出時の工夫や、主張書面での補充説明が考えられる。LINE では、送信日付がその日付の最初のメッセージ冒頭にしか表示されないため、いつのメッセージかを示す工夫が必要であろう（工夫例につき、第 1 章 **V 6(4)**〔91 頁〕）。

(3)書籍の提出

　『注釈民法』など基本的な書籍は通常裁判官室の本棚にあるため（→「裁判官はこう見る──裁判官室の本棚」）、必ずしも提出する必要はない。基本的な書籍の提出を好ましく思うかは裁判官次第だ

が、手元に書籍の該当箇所があると便利ではある（ただし、あまりに基本的内容についてわざわざ『注釈民法』を提出する必要はないであろう）。他方、たとえば専門部（労働部、破産部、知財部など）がある裁判所では、専門事件を扱わない通常部にこれら分野の書籍が少ないこともある。そのため、民法、民訴法以外の分野の書籍は証拠提出しておいた方が無難であろう。

(4)裁判例の提出

裁判例の証拠提出も考え方が分かれる。証拠でないため参考資料として提出する代理人もいる。裁判所の取扱いは統一されていないが、証拠としての裁判例があまりに多いと記録の第2分類が厚くなりその他の証拠が探しにくくなるため、参考資料として提出してもらいたいと思う裁判官もいるであろう。

なお、裁判所が使用する判例検索ソフトは判例秘書である。そのため、判例秘書に搭載されていない裁判例は提出すべきであろう。

(5)頁数の多い証拠

ある程度枚数のある証拠には頁番号を付すべきである。頁番号を付さない場合、主張への引用に困ることとなるし、尋問の際に「甲1号証15枚目を示します」と述べても裁判所、相手方が該当箇所にすぐにたどり着かず、貴重な尋問時間を無駄にしてしまう。報告書などで写真が続く場合、写真に番号を付しておくことも同様の理由から有用である。

◀コラム▶ インターネット情報の取扱い

近時は、事実関係の確認や調査をするにあたりインターネットを活用することが一般的になっているが、弁護士がインターネットを利用するにあたっては、弁護士として必要な「ネットリテラシー」を身につけておくべきである。インターネット上の情報は、いわば

「玉石混淆」であるということを忘れ、インターネット上で入手した情報を鵜呑みにして十分な裏付けを得ないまま主張を組み立てたり、インターネット上に流布している情報をプリントアウトしてそのまま書証として提出したりすれば、痛いしっぺ返しをくらうことになるのは当然として、出所不明の不確かな情報に基づいて相手方をいたずらに非難したような場合には、そのこと自体が問題となり、場合によっては懲戒処分を受ける可能性も否定できない。

　また、インターネット上には、コラム等で法令や判例などの解説をするものや裁判手続その他の制度の説明をするものなどもある。こうしたものの中に有用な情報が含まれていることもあるが、弁護士がこうしたインターネット上の情報だけに頼って業務を遂行することは危険である。この種のインターネット上の情報については、あくまでも参考資料の一つにとどめ、自ら信頼できる文献などをあたって確認や調査を行う手間を惜しむべきではない。特に、判例の調査は、インターネット上の情報収集では全く不十分であるし、判例検索ソフトだけに頼ることについても重要な判例を見落とすリスクがある。判例検索ソフトでは、キーワードを入力して判例を検索することが多いが、問題となっている論点に関して参考となる判断を示している判例であってもキーワードの選び方いかんによっては検索結果から漏れてしまう危険性があるためである。

　判例検索ソフトの性能は日々向上しているし、弁護士が職務を遂行するにあたって極めて有用なツールではあるが、当該論点の法的な位置づけに基づいて文献や判例集から判例を検索できる能力も身につけておいた方がよい。　　　　　　　　　　　　　　　　[安藤知史]

[安藤知史]

Ⅳ⋯資産調査

ノボル弁護士の独り言

　無事に勝訴判決を得たものの、任意の履行は期待できないから強制執行するほかないかな。そもそも、相手の資産の状況がわからないから調査をしなければならないけれど、どの程度の情報をとれるのだろう。

1　金融機関等に対する弁護士会照会

(1)金融機関への照会

　債務名義を得たところで次に問題となるのが執行である。債務者の預金債権を差し押さえようと考えた場合において、どの支店に口座を開設しているかといった情報がないときには弁護士会照会を利用し、債務者が口座を有しているか否か、有している場合は支店名、口座科目、預金残高について回答を求めることが考えられる（なお、いわゆる「ネット銀行」では債権差押命令の申立てをするにあたって支店の特定が不要な場合もある）。

　このような照会は「全店照会」といわれており、資産調査の方法として極めて有用である。ただし、前記のとおり、債務名義を得ていることが前提であり、たとえば訴訟提起前に相手方の資産を調査したいといった場合には利用できない。

　また、すべての金融機関が全店照会に応じているわけではなく、これに応じている金融機関でも、必要書類や書式なども各弁護士会との間で取り決められているため、照会申出にあたっては、各所属弁護士会に必要書類等を確認する必要がある。

　なお、債務者を特定するために住所（法人の所在地）を記載する必要があるが、金融機関に届け出ている住所が古いもののままになって

いるケースが少なくないため、住民票や登記情報などで旧住所も確認し、当該住所も記載した上で照会することも検討すると良い。

（2）保険会社への照会

遺産分割協議事件などでは、保険契約（保険金）の有無等が問題になることがあり、その場合は保険会社に対する弁護士会照会を利用することが考えられる。

生命保険会社については、かつては一般社団法人生命保険協会に対して照会を行えば同協会から各社に照会をしてくれていたが、現在では、直接各生命保険会社に対して照会を行う必要がある。

他方、損害保険会社については、一般社団法人日本損害保険協会の各支部が取り次ぎを行っており、少額短期保険、共済についても、一般社団法人日本少額短期保険協会、一般社団法人日本共済協会が同様の対応をしている。

このように弁護士会照会に関しては、照会先における取扱いが大きく変更されることがあるため、所属弁護士会が発行している弁護士会照会に関する最新のマニュアルを参照したり、照会申出にあたって所属弁護士会に問い合わせたりして、現在の運用を把握することが重要である。

2　財産開示手続

債務者の財産に関する情報を取得する方法として、財産開示（民執196条以下）の手続がある。これは、執行力のある債務名義の正本を有する金銭債権の債権者等からの申立てにより、執行裁判所の決定に基づき開始される手続である。この手続では、財産開示期日が指定されて申立人および開示義務者が裁判所に呼び出され、開示義務者については期限を定めて財産目録の提出が求められる。

財産開示手続は、平成15年の民事執行法改正により導入された制度であるが、従来はその実効性に問題があり、必ずしも活発に利用されているとは言い難い状況であった。しかし、令和元年に、財産開示

の期日に正当な理由なく出頭しない場合や虚偽の陳述をした場合の罰則の強化（改正前は30万円以下の過料だったものが、6か月以下の懲役または50万円以下の罰金（民執213条1項）となった）、申立権者の範囲拡大（仮執行宣言付きの支払督促、公正証書など執行力のある債務名義の正本を有するすべての債権者が申し立てることができる）など、制度の実効性を強化するための法改正が行われたこともあって、近時は財産開示手続が利用されるケースが増えているようである。

　また、財産開示手続では、執行裁判所だけではなく申立人も執行裁判所の許可を得て開示義務者に対して質問することができるため（民執199条3項、4項）、その際に申立人にとって有用な情報が得られる場合もある。

3　第三者からの情報取得手続

　令和元年の民事執行法改正により、第三者からの情報取得手続が新設された（民執204条以下）。これは、執行力ある債務名義の正本を有する金銭債権の債権者が裁判所に申し立て、これが認められると裁判所が第三者に対して債務者に関する情報提供命令を発令するという制度で、債務者名義の不動産に関する情報（所在地や家屋番号。ただし、申立日より前3年以内に財産開示手続が実施されたことが必要）、債務者が有する預貯金に関する情報（支店名、口座番号、金額）、債務者名義の上場株式、国債等に関する情報（銘柄、数等）を取得することができる。また、養育費や婚姻費用等の支払請求権、人の生命・身体の侵害による損害賠償請求権を有している債権者は、債務者の給与（勤務先）に関する情報の取得も可能である。

　このように、資産調査の方法としては極めて有用性が高いと思われ、実務においても今後多く利用されるものと思われる。

　なお、東京地方裁判所や大阪地方裁判所のホームページには、手続に関する詳細な説明とともに申立書などの書式も提供されており、手続を利用する場合には参照すると良い。

弁護士が自ら資料を収集したり、調査にあたったりする場合に、法令を遵守し、また各手続において定められたルールに沿ってこれを行う必要があることは論を俟たない。しかし、それだけではなく、依頼者やその協力者に調査等をしてもらう場合や、調査会社を利用する場合にも、弁護士として必要な注意を尽くすべきであろう。依頼者や調査会社等が違法・不当な手段で調査等をした場合に、代理人である弁護士が直ちに責任を負うものではないが、弁護士が違法行為を助長したり、これに助言を与えるなどの援助をしたりすることは認められないし、相手方その他の関係者に「代理人弁護士も違法・不当な行為に加担している」といった誤解を与えることも、極力回避すべきである。

さらに、違法・不当な手段による調査を行ったことで相手方を無用に怒らせ却って紛争解決の妨げとなったり、依頼者がトラブルに巻き込まれたりするおそれもある。そうなれば、依頼者の利益にも反することとなり、まさに本末転倒である。

事実関係の調査等を熱心に行うことは重要であるが、弁護士は信義誠実義務を負い（弁護士職務基本規程5条）、信用を維持して品位を高めるように努めなければならない（同6条）ことを念頭において手段を検討すべきであろう。　　　　　　　　　　　[安藤知史]

[安藤知史]

第 **3** 章

尋問技術

I…証人・本人の尋問

1 基本事項

ノボル弁護士の独り言

尋問、それも証人の尋問は、テレビドラマや映画でも花形のシーンとなっているが、実際にあんなふうにドラマティックにできるとは思えない。先輩は、「尋問技術は体験で身につけるしかない」「優れた尋問技術は天賦の才能だ」などと言うが、新人や若手が本を読んだたけでうまくいくはずがないようにも聞こえる。しかし、尋問に臨むにあたっての基本的なことはやはり正確に知っておかないといけないと思う。

(1)尋問開始の際の一般的注意事項

法廷で尋問が開始されるとき、裁判長（裁判官）は、宣誓書の朗読の後に、証人には偽証罪の告知を、本人には過料の制裁の告知を行うが、それに続けて「これから尋問を始めますが、一問一答式で行いますから、弁護士さんから質問があったときは、簡潔に答えてください。理由が必要なときは、改めて聞きますから、結論のみを答えてください。また、録音を取っていますから、質問と答えが重なるとわからなくなってしまいます。質問が終わったら答えるようにしてください」と注意する。したがって、弁護士の尋問は、簡潔な一問一答式でなければならないし、答えが終わるまで次の質問をしないことにして質問と答えの声が重なることも回避しなければならない。また、裁判官によっては、双方の弁護士に対して、「それでは、主尋問は20分、反対尋問は30分となっていますから、時間内にお願いします」と言って、あらかじめ取り決めた尋問予定時間を告知することもある。これらは、実際に尋問において完璧に実践することはなかなか難しいので

あるが、できる限り実現するように努めなければならない。

　なお、尋問を始めるに際し、証人・本人に対して「これから私から質問しますが、前の裁判官の方を向いて回答してください」と注意する弁護士が多い。確かに、尋問者の方を向いて証言すると、録音がとりにくくなるという難点があるが、尋問者としては、証人等の顔色の微妙な変化を読みにくくなる。また、反対尋問では、証人に安心感を与えてどんでん返しの尋問をすることがかなりあるから、尋問する弁護士と証人が顔を向き合わせて対話することも有効な方法となることがある。反対尋問の際に、「証人は前の裁判官の方を向いて証言してください」などと言う弁護士はまずいないのではないかと思われる。

（2）法令の定め

　次に、いざ尋問に臨む際に遵守すべき民訴法・民訴規則が定める基本事項を再確認しておくことが有益である。

　（a）質問の対象事項　　主尋問は、立証すべき事項およびこれに関連する事項について行い、反対尋問は、主尋問に現れた事項およびこれに関連する事項ならびに証言の信用性に関する事項について行い、再主尋問は、反対尋問に現れた事項およびこれに関連する事項について行うものとされる（民訴規114条）。

　「立証すべき事項」とは、当事者が立証しようとする事実全般を指し、主要事実のほか間接事実や補助事実も含まれるし、相手方が立証責任を負っている事実の反証事実も含まれる。「これに関連する事実」は、尋問者としてはかなり広く解釈しがちであるが、裁判官から制限されることもある。「主尋問に現れた事実」とは、主尋問で証言された一切の事項をいうが、厳格に解釈されていないし、仮に該当しても「これに関連する事項」に当たるとして尋問が許されることも多い。「証言の信用性に関する事項」とは、証言内容や証言態度からみて不自然な点や曖昧な点を問いただし、証言の証明力を減殺するような事項である。

　なお、反対尋問は、基本的に主尋問に現われた事項に限定されるか

ら、当該証人の陳述書から見てある事実の尋問がなされないであろう
と見込まれるときは、当該証人の尋問を請求しておく必要がある。特
に、相手方弁護士が細かいタイプだと思えたら、尋問請求をしておい
て、尋問範囲を狭めないようにしておくべきである。

（b）**具体的または個別的でない質問**　　尋問者の質問は、できる
限り、個別的かつ具体的でなければならない（民訴規 115 条 1 項）。
「証人は、原告とはいつどこで会い、どのような話をしましたか」「甲
〇号証の契約書に調印したときの状況をお話しください」などという質
問は、NG である。しかし、個別的といっても、「証人は、原告を知
っていますか」「いつ会ったのですか」「場所はどこですか」などと細
分化するのも時間ばかり食って問題である。要は、証人が証言しやす
いように、個別かつ具体的に質問をしなければならないわけである。

（c）**侮辱しまたは困惑させる質問**　　証人・本人を侮辱する質問、
証人・本人を困惑させる質問は、どのような場合であっても許されな
い（民訴規 115 条 2 項 1 号）。「あなたの証言はありもしないことを並べ
立てるいい加減なものではないですか」「あなたは嘘付きと言われて
いませんか」などは、侮辱する質問である。「あなたは先ほど嘘を
つかないという宣誓をしましたね」「先に証言した〇〇さんは正反対の
ことを証言していましたよ。どちらかが嘘を言っていることになりま
すが、それでいいのですか」という質問は、結構目にするが、侮辱と
はいえないであろう。

これに対し、「あなたの歩いていた場所から事故を目撃することは
不可能だとは思いませんか」「あなたの知らない人ですが、〇〇さん
はそんなことは一切言っていませんよ」などという質問は、困惑させ
る質問である。しかし、困惑させる質問は、証人の証言の信用性を弾
劾する質問であることも多く、その場合は制限されることはない。許
される困惑させる質問と許されない困惑させる質問の境界は、一義的
にはっきりしているわけではない。

（d）**誘導質問**　　誘導質問は、証人・本人に対して尋問者が期待

する証言を暗に示す質問であり、基本的には「はい」または「いいえ」で答えられるものである。「証人はそのときに○○と言ったのではないですか」「相手方はこう言ったのではありませんか」というものである。この誘導質問は、正当な理由がない限り裁判官によって制限される（民訴規115条2項2号）。特に、証人自身の言葉として自ら体験した事実を明らかにしてもらう必要のある場合は、誘導質問は制限されるのが一般である。反対に、当事者双方に争いがない事実、特に要件事実の証明に関係のない間接事実や補助事実について長々と質問をしていると、裁判官から、「その点はもっと誘導してください」とたしなめられることになる。

　なお、似たような用語に「誤導質問」がある。これは、争いのある事実や証言されていない事実を真実であると仮定してなされる質問、様々な選択肢があるのに二つの選択肢しかないように前提してその一つを選択させる質問をいう。事故の目撃者が証人のほかに存在することが全く明らかにされていないのに、「あなたのほかに事故状況を目撃した人は、誰もあなたのようには言っていませんが、本当に先ほどの証言のとおりでよいのですか」というような質問、五叉路となっているのに、「この交差点の○○方向と○○方向のどちらに進んで行ったのですか」というような質問である。誤導質問は、証人の証言をねじ曲げるものであるから禁止されるのであるが、ひょうたんから駒のように真実が明らかになることもないではない。尋問上手の弁護士は、誤導質問だと気付かせることなく、実に巧妙に証人から真実を聞き出すテクニックをもっていることが多い。

　（ｅ）重複質問　　主尋問と重複する質問、反対尋問と重複する再主尋問が許されないのは、当然のことである。ところが、実際の反対尋問では、「あなたは先ほど○○○と証言しましたが、本当にそれで間違いありませんか」という同じ質問がなされることが結構ある。その質問のあとに、「そうですか。それでは、契約書に○○○と記載しているのはなぜでしょうか」と核心の質問が来るのであればよいので

あるが、主尋問の証言内容を確認する質問が延々と続くのを見たことがある。

　相手の席に座っている弁護士は、予定された尋問時間がどんどん経過していくことでほくそ笑んでいるが、質問をしている弁護士は、そんなことには全く気がつかず、自己の道を突き進むのである。

　（f）意見を求める質問　　証人は経験した事実を証言するものであり、意見を聞いても何もならないが、この意見を求める質問は結構多い。「あなたは原告と被告のどっちに過失があると思いますか」「あなたは民法に規定する離婚原因があると思いますか」などという質問がこれである。「あなたは原告と被告のどちらが本当のことを言っていると思いますか」という質問に至っては、論評する言葉を知らない。

　（g）伝聞証言　　刑事訴訟では、公判期日外における他の者の供述を内容とする供述（たとえば、「被告人が被害者に対して○○○と話していたとその被害者の人から聞きました」というもの）には原則的に証拠能力を認めていないが（刑訴320条1項）、民事訴訟では、そのような規定はない。したがって、証人が、「原告が被告に対して○○○と話していたと被告本人から聞きました」という証言をすることも許されるが、いわゆる又聞きであるから、その証拠力は極めて低いのが一般である。通例は、「伝聞です」という異議が出されるところであり、裁判長から「そのような不確かなことを聞くのは避けてください」と釘を刺されることもある。仮に異議を出しそびれたとしても、裁判官は、そのような証言から確定的な心証を取ることはまずないのではないかと思われる。

　裁判官はこう見る——裁判官は供述の信用性をどう見るか
　　A、B双方の話のみを聞いてどちらが信用できるかを判断することは難しい。双方があり得るストーリーを述べることはよくあるためである。

そこで重要となるのは、争いのない事実や、書証から（容易に）認められる事実（動かし難い事実）との整合性である。当時作成されて後から書き換えられない書証は、一般には供述よりも信用することができるためである。

　裁判官の頭の中では、動かし難い事実の設定が先にあり、各供述の信用性はこれらの事実に整合しているかとの観点で検討される（実際には、書証からどこまでの事実が固く認定できるかは難しく、動かし難い事実の検証も常に行うことになる）。

　そうすると、尋問では書証との整合性や書証作成の経緯を確認することが一つのポイントとなる。具体的にどのような点を尋問してもらいたいと思っているかは、主尋問、反対尋問の項目でふれることとする。

裁判官はこう見る──尋問で結論が決まるか

　「心証は尋問前に決まっている」といった裁判官の発言にふれたことがある方もいるのではないだろうか。筆者も裁判官になりたての頃、このような発言を聞いて驚いた記憶があるが、今はこのように理解している。

　すなわち、書証の重要性は先に述べたとおりであり、書証がある程度多い事案では主張整理段階で心証がほぼ固まっていることはたしかに多い。また、裁判官は訴訟の当初段階から心証形成を始め、「現時点で判決が書けるか」を常に意識している。その意味で、争点整理が終わっているにもかかわらず、少なくとも暫定的な心証形成ができていないとすれば、それは裁判官の記録の読み込み不足、検討不足の可能性がある。

　冒頭の発言は、裁判官たるもの記録を読み込み結論の見通しをもって審理に臨むべきであり、暫定的心証をもたずに最終段階である尋問に臨むべきでない、といった趣旨といえ、尋問が重要でないことを意味するものではないと理解される。

裁判官はこう見る——特に尋問が重要となる事案

　裁判官の尋問時点での心証の「固さ」は事案によって様々であり、尋問をしないと結論を出せない事案は少なくない。

　一概にはいえないが、構造的に書証に乏しく当時の具体的な言動がポイントとなる事案や、本人・関係者の認識が重要となる事案では特に尋問が重要になるといえる。前者には、職場・学校等の安全配慮義務違反、パワハラ、いじめ、性暴力・暴行事案、交通事故（特に書証に乏しい物損）、契約書類の少ない取引事案などが挙げられる。後者には、各種説明義務違反が問題となる事案、詐欺、表見代理、意思表示の瑕疵が問題となる事案等が挙げられる。

裁判官はこう見る——尋問結果が和解に与える影響

　尋問直後に「せっかく本人もいらっしゃっていますので」として和解協議がされることは多い。暫定的心証を強固にできた尋問であれば、裁判官は自信をもって心証開示し積極的な和解勧奨ができるのに対し、尋問で心証が揺らいだ場合、自信をもった心証開示はできず、消極的な和解勧奨となることもあるであろう。尋問後の和解では、「尋問でこのような発言もされていましたしね」といった話題となることもある。このように、尋問結果は、和解協議（最終的な和解条件）にも関わるといえる。

Check Point

□民事の尋問は、交互尋問で行われ、一問一答式である。

□反対尋問は、原則として主尋問に現れた事項を対象とするから、主尋問に現れない事項があると考えるときは、当該証人の申請をしておく。

□民事では、正当な理由があれば、誘導質問も認められるので、

誘導すべき事項を知っておく。

□重複した質問、意見を求める質問が制限されることは知られているが、現実にはかなり行われている。

□民事では、伝聞証言も許されるが、証拠力は極めて低い。

2　懲戒処分を受けた質問

ノボル弁護士の独り言

最近、「熱心弁護」あるいは「やり過ぎ弁護」が懲戒処分の対象になっている例が多いと聞く。テレビドラマや映画では弁護士が結構証人を怒鳴っているシーンがある。どんな尋問をすると、懲戒の対象となるのだろうか。

懲戒処分を受けた質問（質問に付随するものを含む）を紹介する。

①「被告は、同和地区に住んでいるのではないか」と質問し、裁判官から質問意図を問われて、「同和地区には、一部一般人の恐れている人が住んでいる」と答えた。→戒告処分

②被告本人尋問において、「ほいと〔陪堂＝乞食のこと〕」「あんたらは、ほいとじゃけんのう」「貯金のことはわからんだろう」と発言し、傍聴席の傍聴人に向かって、「無知でしょう」「あんたら、この事件を知って来とるん」「何も知らなんのによう来たね」と発言した。→戒告処分

③相手方弁護士の反対尋問に対して、「あまり、つまらんことはしないほうがいいよ」「そういう詐欺師みたいなすんなよ、君」と発言し、裁判官からの注意と尋問弁護士からの抗議を受けて、「ええっ、あたりまえだよ。だって、全然ね、違うものを同じだというように言わせようとしたりだな。それは詐欺と同じだ。それは、ええっ、そんなのは弁護士倫理に反するんだよ」「君の無知には驚くよ」と述べた。→戒告処分

④本人尋問終了後、本人に対して「○○人、馬鹿」という国籍差別の発言をした。→戒告処分

3　尋問メモ

> ノボル弁護士の独り言
>
> 　主尋問では、あらかじめ用意した尋問事項書を手に持って質問すれば足りるから、証言のメモを取る必要はないし、弁護士一人では尋問とメモを両立すること自体が不可能である。しかし、反対尋問では、主尋問に対する証言をメモしておかないと、効果的な質問ができないことが明らかである。ところが、証人は証言を繰り返してくれたり、ゆっくりと話したりしてくれないから、克明なメモを取ることは本当に難しい。速記術を体得している弁護士は、ごく少数だろうと思う。どうすれば、反対尋問に効果的に使うことのできるメモがとれるのだろうか。

(1)尋問メモの必要性と困難さ

　尋問（反対尋問が主である）を行うに際し、証人・本人の主尋問に対する証言・供述をどのようにメモしておくかという問題がある。反対尋問は、主尋問に現れた事実を対象とするから、証人・本人がどのような証言・供述をしたのかを把握した上での尋問になるのであるが、「どんなことを言ったのだっけ」というのでは、反対尋問の前提が崩壊してしまっているのである。

　しかし、このメモを取るのが、実に難しい。あまりにメモに熱中してしまうと、いざ反対尋問というときに、何を質問すればいいのかがわからなくなってしまう事態になりかねないし、「今の証言に対してはこう反対尋問をしよう」と考えて尋問事項を克明に記載していると、証言はどんどん進んで行ってしまって肝心の重要証言を聞き損なうことにもなる。証人の証言・本人の供述を逐一正確にメモし、かつ、それに対する効果的な反対尋問事項もメモしていくことは、よほど頭の回転が速く、かつ、筆記のスピードも速いスーパーマンのなせる技と

いうことになろう。そういうスーパーマンは、確かにいるが、その数は決して多くはない。

（2）効果的なメモの取り方

　では、スーパーマンではないその他大勢の弁護士はどうしたらよいのか。これだという特効薬はもちろんなく、尋問の場数を多く踏んで自分流のメモの取り方を体得していくほかはない。「カラダで覚えろ」ということになるが、それでは、弁護士になって間もない新人は、尋問が下手であることに甘んじなければならないのかと批判するであろう。しかし、新人弁護士には、ベテラン弁護士が舌を巻くような見事な反対尋問が求められているわけではない。大切なことは、事前準備をしっかりし、技術的には下手であっても新人らしい丁寧な尋問を行えばよいのである。しっかりした事前準備をし、丁寧な尋問をする新人弁護士は、やがて大成し、誰からも一目置かれる弁護士になっていくものである。

　ただ、一つの経験談を述べれば、主尋問における証言を聞くときは、「ようし、アラを探すぞ」「ようし、揚げ足を取ってやるぞ」「ようし、おかしな点を見付けてやるぞ」という（意地悪な）視点に立ち、不自然な証言、矛盾する証言、曖昧な証言の概要をメモに書き留め、そこにどのような反対尋問をしていくかの骨子をメモするということにすると、メモ自体に没頭することは回避することができるといえよう。主尋問における証言・供述を細大漏らさずメモしたことには、何の意味もないことを知らなければならない。

Check Point

□尋問中に証言・供述を正確にメモし、かつ、効果的な反対尋問事項もメモしていくことは、極めて至難の業である。

□上手なメモの取り方は、体で覚えるほかない。

□主尋問の証言・供述を完璧にメモしても意味がない。

□しっかりとした事前準備を行い、下手でも丁寧な尋問を行っ
ていけば、やがて大成する。

□主尋問を聞くときは、アラを探すぞ・揚げ足を取ってやる
ぞ・おかしな点を見付けてやるぞという意地悪な視点に立つ。

4　異議

ノボル弁護士の独り言

テレビドラマなどでは弁護士が大きな声で「異議あり！」と叫ぶシー
ンが多い。その結果、裁判長が「異議を認めます。質問者は、質問を変
えてください」ということもあれば、「異議を却下します。質問者は、
質問を続けてください」ということもある。しかし、異議を出すこと自
体で質問者の質問の流れを止める効果はありそうである。異議は、どう
いうタイミングで出すのがよいのだろうか。

(1)異議の法的意味

法廷で尋問を行っていると、相手方弁護士から、質問をしている弁
護士めがけて「異議！」と大きな声が上がることがある。これを受け
た弁護士は、ついつい自分の尋問に問題があったと勘違いし、直ちに
尋問を中途でやめてしまうことがある。しかし、それは、異議の法的
根拠を知らないためといわれても仕方がない。異議は、民訴規則117
条に規定するところであり、裁判長による尋問順序の決定、質問事項
以外の事項にわたる相当でない質問の制限、民訴規則115条2項各
号に規定する禁止された質問の制限、文書等の質問への利用に関する
裁判長の裁判に対しての異議である。質問者に対して直接に異議を述
べることはできないのである。

冷静な弁護士は、異議を出した弁護士に対し、「ただいまの異議は、
民訴規則117条1号のどれに当たる異議なのでしょうか」と質問し、
「ただいまの異議に対して、裁判長の決定はいかがでしょうか」と尋

ねるのである。

　しかし、現実の異議は、裁判所に対するものとされておらず、尋問をしている弁護士自身に向けられているものが圧倒的である。大きな声で「異議！」というほか、尋問者の机の反対側から、裁判官の方は見向きもしないで、「証人は主尋問でそんなことは言っていませんよ」「今の質問は、誤導です」「もう少しわかりやすく質問してもらえませんか」等と様々に注文を付けるのである。このような「語りかけ」は、民訴規則上の「異議」には当たらないから無視してもよいのであるが、無視して質問を続けていってしまう弁護士、あるいは「静かにしてくれませんか。私が質問しています」と受け流す弁護士はそんなにはいない。やはり強力な胆力を持ち合わせる弁護士は少ないのであろう。

（2）異議の出し方

　法廷の尋問では異議は結構多用されている。ある法廷で目撃したが、血気盛んな弁護士が「誘導質問です」「誤導質問です」「重複した質問です」「争点に関係ない質問です」「証人の意見を求める質問です」などと次から次に異議を出しまくり、それも、裁判官に向かってではなく、質問をする弁護士に向かって直接行い続けたため、ついに質問をしている弁護士が「静かにしてくださいよ。尋問ができない！」と怒鳴る事態に発展した。傍聴席に依頼者とその関係者がいたから、頻繁に異議を出す姿を見せていい格好を実感してもらおうと気張ったのである。

　尋問中に積極的に異議を出す弁護士とほとんど異議は出さない弁護士がいるが、前者は、少数派であろう。大多数の弁護士は、腹に据えかねる尋問に対してのみ異議を出すようにしていると思われる。また、異議を出された弁護士も、裁判長がどのような指示（裁判）をするのかを待ち、それに従った尋問を行うのが平均的であろう。このような現状について、交互尋問において異議が出ないことはお互いの傷をなめ合い、その結果として尋問技術が進歩しないことにつながっているとの批判がある。しかし、核心を突き、「座布団一枚！」のかけ声が

飛ぶような見事な異議もあるが、大半は、相手方弁護士の反対尋問を成功させないための妨害工作、法廷にいる依頼者に対するパフォーマンスであることが多いように思われる。核心を突く見事な異議が出せるように修練を積みたいものである。

（3）異議が出たときの対応

前述したように、頻繁な異議に対して激高する弁護士がいるが、いささか見苦しい。尋問妨害の異議について、「少し静かにしてくれませんか」とだけ述べて尋問を続け、裁判長から「質問を変えてくれませんか」と言われたら、「わかりました。それでは、こういうふうにお尋ねしましょう」といって、スマートに対応するべきであると思う。

裁判官はこう見る──適切な異議の例

裁判官からすれば、やはり適切な場面で適切に異議が述べられることが望ましい。必要以上に異議が出されると異議の応酬となって尋問が荒れ、裁判官はその対応に追われる。逆に、たとえば主尋問で核心部分が誘導されてしまっているにもかかわらず異議が出ないと、異議を述べてほしいと思うこともある。裁判官から制することもあるが、「相手方は異議を述べていないし止めるほどではないか」との発想から介入しないこともある。

前提的な事実の誘導は認められるため、尋問の序盤では誘導がされることも多い。そのまま重要部分でも誘導が続けられた際に制するタイミングや言い方が難しいが、たとえば相手方から、「この辺りからは重要なので誘導せずに聞いていただけますか」と発言がされることもある。問題点の指摘がわかりやすい異議の一例といえる。

また、誤導質問は供述内容に影響を与えるため、特に重要となる。他の異議（誘導、意見を求めるもの等）は、質問自体からそのようなものとわかるのに対し、誤導は、その前提となる事実関係を正確に把握していなければ気づかない。相手方代理人が見過ごせば、裁判所も気付かないまま尋問が進んでしまうこともある。

実務上は、事実関係の誤導のみならず、たとえば原告側証人・本

人の尋問で、被告代理人が「原告は〇〇と主張しているのですが、この点……」と続けようとした際に、「そのような主張はしていない」と異議が出されることもある。そもそも、質問の前置きとして主張を述べること自体基本的には不要と思われるが（そのような前置きなく事実関係を問うのが原則であろう）、前置きに誤りがある場合に指摘しておかないと、証人・本人はそれに引きずられる可能性がある。

裁判官はこう見る──異議が出た際の裁判官の対応

　異議が出た際、裁判官は質問者に意見を聞くときもあれば、聞かずに判断することもある。誘導、意見を求める質問といった異議は、質問者に意見を聞かずに判断できるのに対し、誤導の指摘に対しては質問者に意見を聞くことも多いであろう。

　異議に対する判断は、「異議に理由がある（ない）ため、……」などとは述べず、裁判官からは、異議に理由があれば「質問を変えてください」、異議に理由がなければ「質問にお答えください」「続けてください」とだけ述べられることが一般的である。

　異議が出た際に裁判官の判断を待たずに質問を変える質問者もいる。裁判官からみれば、「質問を変えるほどでもなかったのに」と思うこともあるが、尋問のリズムを崩さないためや、持ち時間を消費しない対応としてあり得ると思われる。

　なお、ここで使われる相手方質問に対する異議は、民訴規則117条の「異議」（裁判長の裁判に対するもの）とは異なる。裁判長に質問の制限を求めることを実務上異議と呼んでいるにすぎない。

裁判官はこう見る──主尋問と関連性のない質問

　反対尋問において「主尋問と関連性のない質問である」との異議が出た際の対応は難しい。おそらく多くの裁判官は、反対尋問で崩れないかをみたいため、ある程度の関連性があれば聞いてもらってよいと考えていると思われる。また、当該質問の意図はその時点で

は質問者にしかわからない（もう少し先を聞かなければわからない）こともあるため、裁判官としては、質問者に対し、何かしら関連性を答えてもらえればよいと思って意見を聞くこともある。ところが、その際答えに窮されてしまうと、「では質問を変えてください」と言わざるを得ないこともある。対応は難しいが、「〇〇の点で関係します」と抽象的にテーマを述べるパターンと、「もう少し聞いていただければわかりますから」と自信をもって答えるパターンがあるように思われる。後者は答えにはなっていないものの、それが一回目であればもう少し聞いてみようと思うこともある。ただし、それまでに関連性のなさそうな質問ばかりしている場合、懐疑的にみられることもあるであろう。

Check Point

□異議は、裁判長に裁判に対するものであって、質問者に対して直接異議を述べることはできない。

□異議は、交互尋問に於ける技術アップのために有益であるといわれるが、積極的に異議を出す弁護士は、少数派である。

□核心を突く見事な異議を出すように努める。

□尋問中に異議が出されたときは、スマートに対応する。

5　陳述書

ノボル弁護士の独り言

　証人または本人の尋問を請求すると、中立的証人などを除けば、裁判所は、尋問前に当該証人の陳述書の提出を要求する。当事者本人に至っては、陳述書は必須である。あまりに丁寧に記載するとこちらの手の内が全部ばれてしまうように思うし、あまりに簡潔に記載すると反対尋問の中で陳述書外の思いもよらない視点から追及されてしまう危険もある。さらに、準備書面のデータをそのまま使った陳述書を見たことがあるが、

そんな陳述書には意味があるのだろうか。陳述書はどう書けばよいのだろうか。

（1）陳述書の目的

　裁判官が証人または当事者本人の尋問を採用したとき、「それでは、陳述書を◯月◯日までに提出してください」と指示するのが通例である。中には、陳述書の提出を待って人証の採用を決定することも珍しくない。

　陳述書については、それが導入された当初、「弁護士の一方的な作文に本人が署名押印しただけのものに何の価値があるのか」との批判的ないし否定的な声があったが、①主尋問の時間を大幅に短縮すること、②複雑な事件や専門的な事件については、陳述書の説明によって理解がより容易になること、③主尋問での証言（供述）を事前に予告するものであるため、反対尋問が効果的に行われること等のメリットが広く認識され、現在では、陳述書の有用性を否定する意見はほとんど見当たらないように思う。

（2）陳述書の作成

　陳述書の目的が前述したようなものであるのならば、それを作成するのが弁護士であるべきなのは当然のこととなる。そして、前述した目的が実現するように配意しつつ次のように作成することになる。

　①主尋問の時間短縮のためには、当事者双方に争いのない事項を記載することになる。証人の身上経歴に関する事項、証人と当事者との関係に関する事項等である。逆に、これこそ当該証人から聞きたいという事項は、あまり冗長に記載しないことがある。「証人の経歴は、陳述書1頁のとおりですか」「証人と原告との関係は陳述書2頁のとおりですか」というように陳述書を利用するわけである。逆に、交通事故の目撃状況を立証する証人の場合、「あなたが目撃した交通事故の状況は、陳述書3頁から5頁に記載したとおりですか」などとは利用しない。

②複雑な事件、専門的事件の理解を促進する目的の陳述書は、あまりに丁寧に記述すると膨大な量になりかねない。しかし、多数の登場人物の位置づけや専門用語の説明を尋問で行うと、予定時間をそれだけで使い果たしてしまう危険性がある。そこで、与えられた尋問時間を有効に使うために、陳述書が活用されるのである。

③反対尋問事項の予測を付けるという目的は、作成する側からすれば、その裏をかきたいところである。すなわち、反対尋問がしにくいありきたりのことしか記載しないことにするわけであるが、このような陳述書は、逆に、迫力・訴求力を欠く結果となるだけでなく、裁判官からも不評を買うようである。特に、準備書面の「である」を「ですます」に引き直しただけの陳述書は、裁判官もほとんど読まないそうである。

しかし、そういう準備書面のコピペの陳述書が出てきたときには、反対尋問をする弁護士の力量が問われることとなろう。そして、昼行灯のように見える弁護士でも、いざ尋問になるととんでもない力量を発揮する人がいるから、準備書面のコピペの陳述書だから安心というわけではないのである。

(3)陳述書の効用

陳述書を作成する効用として、陳述者の弱点が判明することがあげられる。特に、当事者本人の陳述書を作成するとき、ストーリーに不自然な点があること、ストーリーのために不可欠の事実を聞き損なっていたことが判明する場合が多い。もちろん、陳述者の言うがままをそのまま記載したような陳述書や弁護士が独断で作成した陳述書であれば、そのような新発見はない。しかし、陳述書を起案すると、「ここの経過はなんとなくおかしい」「このところは聞き損なった」「どうしてこうなったのだろうか」というような点が露わになるのが普通である。そして、それは陳述者の弱点でもあるから、直ちに当事者や関係者を呼んで、正確な事実の確認をする必要が出てくるのである。もちろん、辻褄を合わせるために虚偽の事実を記載するのは論外である。

このような陳述書の効用から、争点整理が終わって人証決定がなされてから作成に入るのではなく、もっと早い段階で陳述書の草案作りを始める弁護士もいるようである。準備書面のやり取りをしている中で、人証の選択作業を始めるのと平行して陳述書の案を作成し始めるのだそうである。確かに、そうすると、争点が明確になり、立証方法も誤りのないものになるであろう。

裁判官はこう見る──わかりやすい陳述書とは

　裁判官の理解に資する陳述書は、やはり陳述者の視点に立って時系列で記載されたものであろう。

　裁判官は、代理人が組み立てた法的主張の枠組みで事件を見ており、審理で俎上に載せられるのは要件事実を中心とした事実関係である。そのため、尋問に至るまで事件の全体像を摑めていないことはままある。これは依頼者から生の事実を聞いて法的組み立てをしている代理人と大きく異なる。裁判官にとって、陳述者の視点に立って時系列で記載された陳述書は、要件事実と生の事実をつなぐ意義がある。

　陳述書には、出来事について日付の記載があることが望ましい。正確にわからない場合でも、「〇月頃」「その2、3週間後」などとあるだけで理解は変わってくる。また、主張書面と同様に、「誰が」「誰に対して」の記載も必要である。

　なお、稀に準備書面を引き直しただけの陳述書があるが、これでは全体像を摑むことはできず、裁判官には好まれないであろう。

Check Point

□陳述書は、主尋問の時間短縮、複雑な事件・専門的事件の用語理解、主尋問での証言・供述の予告の機能ないし目的を持つものである。

□陳述書は、その機能または目的に合わせて弁護士が作成する。

□主尋問の証言・供述の予告機能をどう評価するかは難しい。

□陳述書を作成する過程で、陳述者（証人・本人）の弱点を発見することができる。

［高中正彦］

II…尋問の準備

1 立証計画

ノボル弁護士の独り言

尋問をする際にはしっかりした立証計画を立てておかなければならないといわれている。裁判官から、「そろそろ準備書面での主張も出尽くしたように思いますが、立証計画をお尋ねします」と言われたこともある。尋問準備としての立証計画はどのように立てるべきなのだろうか。

尋問をする際は、きちんとした立証計画を立てていなければならない。立証計画は、原告側であれば、請求原因、再抗弁の要件事実は何かを明確にしたうえで、その事実を証明するに最適の証拠方法を確定することであり、被告側であれば、抗弁、再々抗弁の要件事実は何かを明確にした上で、その事実を証明するために最適の証拠は何かを確定することである。この作業が不完全であると、およそ関係しそうな書証を大量に提出することになるし、数多くの証人を申請することにもなる。逆に、この立証計画が万全にできあがっていると、書証は必要最小限のものに絞られてくるし、人証も少数精鋭の申請になってくるのである。

なお、証人と本人の尋問の順については、証人尋問を先に行うものとされ、例外的に当事者尋問を先行させることができることになっている（民訴 207 条）。

この立証計画ができあがっていると、人証申請書における立証事実（証すべき事実）の記載がスムーズにできることになる。逆に、立証事実がうまく書けないというときは、立証計画に問題があることが多いといえよう。

2 人証の申請

ノボル弁護士の独り言

　人証の申請書を起案するとき、どのようなことに注意すべきなのだろ
うか。当事者本人の尋問はほとんどの事件で必須だから、あらかじめ覚
悟しているけれど、証人については、関係しそうな証人は全部申請して
おき、裁判官の選択に任せてしまうべきなのか、それとも申請する前に
選択しておくべきなのだろうか。また、尋問事項書を詳細に記載してし
まうと、相手方弁護士の反対尋問に塩を送ることにならないだろうか。

(1)人証の選択

　人証には当事者本人と証人とがあるが、当事者本人の尋問はほとん
ど必須であるから、ここでは証人の選択基準を検討する。複数の証人
候補がいる場合にどういう人を選択するかであるが、一般的には、激
しやすい人、小心な人、多弁な人、自信過剰な人、言葉での表現が下
手な人、人の言うことをすぐに真に受ける人等は避けるべきであると
いわれる。しかし、複数の証人がいる場合自体が少ないから、上記の
基準は、できれば証人から外しても差し支えない人の基準と言い換え
てよいであろう。

　次に、手当たり次第に関係しそうな証人の申請をすることについて

は、あまり感心しない。現在は、よほど大型複雑な事件でない限り、本人と証人の尋問を１日で終わらせる集中証拠調べが採用されているから、手当たり次第の証人申請をすると、裁判官から、「一人にしてくれませんか」「どうしても尋問したいのはこのうちのどなたですか」などといわれることがある。要件事実の証明に不可欠な証人は誰か、という視点からの絞り込みをするべきである。なお、滅多にないが、裁判官から「この人を証人に申請しないのですか」と訊かれることもある。そのようなとき、裁判官が何に強い関心をもっているかがわかるから、急遽対策を講ずる必要が出てくる。

（２）事前の了解

　証人申請に対する証拠決定をする際、裁判官は、同行か呼出しかを再確認する。中立性を確保するため、「呼出し」として申請した場合であっても、「できれば同行してもらえませんか」ということが多い。呼出しであると、呼出状の送付手続が必要になることのほか、申請者側から当該証人の陳述書を提出してもらえず、尋問の予測ができないことがあるためである。このように、「同行」として証人申請をすると、当然に、当該証人が間違いなく出頭してくれること、事前に当該証人の陳述書を提出してもらうことが前提となるから、要注意である。反対に、呼出しと記載しておくと、裁判官は、中立的な証人であり、どのような証言が飛び出すかはやってみなければわからないが、もしかすると事件の帰趨を決定づける証言が出るかもしれないと考えるわけである。

（３）尋問事項書

　人証申請書には、尋問事項書が添付されるが、交通事故事件を例に取ると、一般的な記載方法は、次のような簡潔なものである。

　　１　証人の職業と被告との関係
　　２　被告運転の普通乗用自動車に同乗した経緯
　　３　本件交通事故現場に至る経緯
　　４　本件交通事故発生時の状況等

5 　証人と被告の負傷の部位と程度

6 　その他前各号に関連する一切の事項

　これに対し、呼出し証人の場合は、裁判所から、ある程度詳細な尋問事項書の提出を求められることがある。骨だけの尋問事項書を送付しても、証人が過度に不安がるであろうことに配慮したものであるが、あまりに詳細に記載すると、反対に萎縮してしまうことにもなりかねないし、尋問意図を見抜かれてしまい、効果的な尋問ができなくなるおそれもある。裁判官の指示に従いつつ、あまり冗長な尋問事項は避けるのが賢明であろう。

Check Point

□証人としなくともよい人の基準は、激しやすい人、小心な人、多弁な人、自信過剰な人、言葉での表現が下手な人、人の言うことをすぐに真に受ける人等である。

□手当たり次第の証人申請は避ける。

□「同行」で証人の申請をすると、陳述書を提出することが必須となる。

□呼出し証人の場合には、ある程度詳細な尋問事項書を提出することを求められることが多い。

3　尋問リハーサル

ノボル弁護士の独り言

　本人尋問に臨むにあたり、ぶっつけ本番で行う弁護士はおそらく皆無であろう。尋問実施の決定を知らせれば「どんなことをどう話せばいいのですか」と訊かれるのが必定であり、「ありのままを話せばいいのですよ」などと回答すれば、「なんて冷たい弁護士なんだ」と思われ、下手をすれば解任されかねない。友好的な証人についても、ほとんど同じことがいえるだろう。しかし、尋問のリハーサルをどのようにやるかは、

なかなか難しい。どのような点に注意すべきなのだろうか。

（1）尋問リハーサルの要否

　当事者本人の尋問については、事前のリハーサルはほとんど必須である。「何をどのように話すのですか」と尋ねられ、「ありのままを話せばいいだけですよ」と答える弁護士はまずいない。しかし、証人の尋問については、事前のリハーサルが必須というわけではない。場合によっては、事前のリハーサルが徒になってしまうこともある。特に、中立的な立場にある証人に事前に接触を図り、それが相手方に知れると、証人に偽証を依頼したなどと言われかねない（「あなたは事前に相手方弁護士に会いましたか」「尋問のリハーサルをしましたか」「どのくらいの時間をかけて行いましたか」という質問を誘発する）。

　これに対し、「同行」として証人採用がなされ、陳述書も提出したような証人については、尋問リハーサルがほぼ必須である。証人も、何をどう聞かれるかわからないという不安を解消するために、事前のリハーサルを望んでいるし、リハーサルを行うことによってあらぬ方向に証言が進むことを回避することもできる。

（2）リハーサルの時期等

　リハーサルの時期は、証人の都合を優先して決定することになるが、尋問期日よりもはるかに前に実施してしまうと、当日までに証人も弁護士も記憶が薄れてしまい、リハーサルをした意味がなくなってしまう。かといって、尋問期日の前日に行うと、証人がリハーサル内容に怖じ気づき極度の緊張状態に陥ってしまうことも考えられるし、弁護士の予想と違う証言が飛び出してこれを修復する時間がとれないこともあり得る。このように見ていくと、リハーサルは、尋問期日の3日程度前に行うのがよいであろう。

　リハーサルの場所は、証人が病気がちであったり高齢である場合を除けば、弁護士の法律事務所で行うべきである。「リハーサルは喫茶店で行うこともできないでしょう」というと、「それはそうですね」

という答えが返って来るものである。

（3）リハーサルの回数

　証人とのリハーサルは、通常は 1 回で足りる。しかし、複雑な事件、証人が極度にあがり症の場合、多弁な人の場合などは、1 回ではなく、数回行うべきである。尋問期日 3 日程度前がよいとしたが、上記の場合は別であって、数回にわたってリハーサルを行うことが求められる。したがって、弁護士としては、証人がどのような人かという情報を早めにキャッチしておく必要がある。尋問の 3 日前になって尋問リハーサルをしたら、頭を抱えてしまったという場合は、失地回復が不可能になりかねない。

（4）リハーサル用尋問事項書の作成

　リハーサルを行うとき、弁護士のみが尋問事項書を手に持ち、証人予定者は何も持たずに口頭で答えるだけという方法は、まず例外的であろう。一般的には、「これが本日のリハーサルで使う尋問予定事項の書面です」といって、弁護士の質問を記載した書面を手渡すことになる。問題は、「問」の次に「答え」まで書いて渡す弁護士がかなり存在するのではないかと思われることである。そして、その記載が詳細になればなるほど、深刻な「証人汚染」の問題となる。

　「証人汚染」については、かねてより民訴法の研究者が問題視しており、証人尋問リハーサルにおいて、「この点はよく覚えていないのですが、どう答えたらよいのですか」との質問に対して、弁護士が「その点は、このように答えてください」と申し向けて、証言内容を指示し、証人予定者に刷り込むことの問題性が指摘されていた。問と答えの双方を記載した尋問予定事項書は、無言の証人汚染となり得ることが明らかであろう。過去に、尋問予定事項書に詳細な問と答えを記載し、証人がそれを諳んじて言えるまで徹底的に訓練した弁護士がいたと聞いたことがある。こうなると、その訴訟は、当該弁護士が描いたストーリーで脚色された物語に成り下がってしまう。その弁護士が何を目指してそこまでやるかと言えば、答えはすぐにわかるであろ

う。

　職務基本規程75条は、偽証のそそのかし行為を禁止しているが、尋問リハーサルには、「虚偽の陳述のそそのかし」に該当する危険性があることを銘記すべきである。

　それでは、「偽証のそそのかし」と言われないためにはどうすべきかであるが、尋問予定事項書を証人予定者に交付する場合でも、答えの記載はしないこととし、記憶がはっきりしないと言われたときには、「あなたの陳述書では、……となっていますが」という程度にとどめることになろう。もちろん、陳述書か証人予定者のいうところを虚心坦懐に聞き取って文章化したことが前提である。

Check Point

□中立的な証人についての事前リハーサルは、必ずしも必須ではない。

□リハーサルの時期は、尋問期日のあまり前でもいけないし、前日でもいけない。尋問期日の3日程度前がよい。

□リハーサル用尋問事項書に答えまで書いて証人予定者に交付すると、証人汚染の問題が発生する。

□職務基本規程75条の「偽証のそそのかし」といわれないためには、尋問事項書に証人の答えを記載せず、どう答えたらよいかと尋ねられたら、陳述書の記載をアドバイスするにとどめる。

［髙中正彦］

III…主尋問

1 主尋問の目的

ノボル弁護士の独り言

　主尋問は、あらかじめリハーサルもしているし、尋問する弁護士に好
意をもっているのが通例だから、ある意味で「うまくいって当たり前」
である。しかし、そうだからこそ気を抜けない。主尋問は何のためにや
るのかをしっかりと頭にたたき込んでおく必要がありそうだ。

　主尋問は、取調べを申請した側の当事者の代理人弁護士が取調べ対
象の証人・本人に対してまず行う尋問であり、これに成功しなければ、
当該訴訟に勝訴することは覚束ない。

　主尋問については、尋問者と証人・本人が友好的関係に立っていて、
あらかじめ円滑な尋問の打ち合わせがなされ、証人・本人も尋問側に
有利な事実のみを証言・供述する立場にあることがわかっているため、
反対尋問におけるような劇的場面に遭遇することはほとんどなく、
淡々と進んでいく。したがって、反対尋問に備える弁護士を除けば、
緊迫した雰囲気に欠けるのであるが、その重要性はいささかも減じら
れることはない。

> 裁判官はこう見る──主尋問をどう見るか
> 　裁判官にとって、尋問は時系列に沿って当事者（関係者）の話を
> 聞く最初の機会となる。既に述べたとおり、裁判官は要件事実を中
> 心に事件をみているため、「尋問して初めてどういう事案かわかっ
> た」との印象をもつことは少なくない。背景事情は判決には書けな
> いことも多いが、安心して判決を書ける材料になる。

主尋問で崩れれば立証はまず難しいであろう。裁判官は、主尋問で陳述書通りの供述ができなかった例を見てきているため、主尋問でしっかりと本人の言葉で語れるかは注目している。

そのため、陳述書を出しているからといって、核心部分については飛ばすことなく、本人の言葉で具体的に述べることは必要と思われる。また、主尋問で一度しっかり述べた後に反対尋問でぐらついた場合と、主尋問では述べずいきなり反対尋問でぐらついた場合では、同じぐらつき具合であっても受ける印象は異なる。

他方、陳述書を冒頭からなぞるようなものはどうしても緊張感に欠けるため、前提はあっさりと終えるなどの工夫が求められる。

Check Point

□主尋問に成功しなければ、訴訟に勝訴することはない。

□主尋問は淡々と進み、緊迫した雰囲気にはならないが、その重要性は全く減じられない。

2 主尋問の注意事項

ノボル弁護士の独り言

主尋問がうまくできるのは当たり前だ、主尋問でしくじれば勝訴は覚束ないなどといわれるが、主尋問を上手に終えることは保証されたことではない。万が一にも失敗したらと思うと、決して気を抜くことができない。どのようなことに注意すればよいのだろうか。

(1)尋問予定時間を守る

主尋問は、証人・本人と友好的関係にある弁護士が尋問していくから、尋問予定時間を守ることは比較的容易である。話が冗長な人、沈思黙考型でなかなか答えが出ない人などを除けば、持ち時間内に尋問を終えることは難しくない。したがって、尋問する弁護士としては、

尋問予定時間内に主尋問を終えることは、その尋問技術力を試されていることを自覚しなければならない。

（2）メリハリを付ける

　原告の勝訴がほぼ確実な事件で本人尋問が行われることとなり、ボス弁の隣に座った新人の勤務弁護士が主尋問を担当した事件に遭遇したことがあるが、その弁護士は、本番用の尋問事項を記載したペーパーを両手に持ち、抑揚もなく朗読し始めた。証人も、あらかじめのリハーサルで証言内容を厳しく指示されていたのであろうか、これまた抑揚のない証言が延々と続いた。陳述書の記載順序と内容を忠実にたどるだけの主尋問は、小学校低学年の学芸会を見ているようであり、メリハリという言葉は全く無縁であった。

　しかし、裁判官は聞いていてさぞかし退屈であったろうと想像する。この事件についてはそのような尋問でよいとしても、双方の主張が厳しく対立する事件については、同じような尋問では勝訴は覚束ないのではないだろうか。

　聞かせる主尋問となるよう、メリハリを付けることについて工夫すべきである。

（3）要件事実の立証を網羅する

　主尋問は、立証責任を負う要件事実の証明をすることが目的なのであるから、漏れがあってはならないのは当然のことである。尋問に際し、尋問漏れがないかのチェックを慎重に済ませておくべきである。

（4）陳述書で代用できない証言・供述を求める

　メリハリを付けた尋問を行うことに関係するが、陳述書の記載をなぞった尋問と証言・供述が淡々と続くことのないようにする必要がある。そのためには、陳述書では意を尽くすことができない事実、陳述書の記載を正確に認識してもらいたい事実、陳述書の記載の中で特に強調したい事実等に焦点をあて、これに関する証言・供述を引き出すような尋問は、聞いている側でも、思わず引き込まれる尋問になる。裁判官に眠気を起こさせない尋問を心がけることは、核心を突く見事

な尋問のスキルを身につけることにつながることを知るべきである。

（5）尋問調書に配慮する

人の氏名、固有名詞、専門用語については、陳述書で明らかにしておくことが有効であるが、後日作成される尋問調書の記載に誤記が生じないように配慮することも大切である。裁判官の中には、尋問に介入して、「○○○というのは、どういう字を書くのですか」と質問してくる人がいるが、そうすると、せっかくの流れが止まってしまうことにもなる。

そこで、証人・本人が「○○○さんです」と述べたときに、すかさず、「その字は、○○○と書くのですね」と質問してしまうのである。「このくらいですね」「あのときです」等という具体的でない証言・供述をしたときにも、「このくらいとは、50センチくらいということですか」「あのときとは、令和2年○月○日のことですか」と直ちに特定する質問をしておくことが肝要である。なお、反対尋問で起きることであるが、証人・本人が質問に対して沈黙してしまうことがある。そのようなときには、「答えないと調書に記載してください」と発言しておくべきだとされる。しかし、最近の尋問調書では、証人・本人が沈黙してしまった箇所は、「……」と記載されているから、沈黙が数秒続いたら、「答えがなかなか出ませんが、どうですか」とスマートに質問した方がよいようである。

最近の尋問調書は、法廷で録音を反訳する方式で作成されることがほとんどであるが、自己の尋問箇所を読み直してみると、冗長であったり、尋問趣旨が不鮮明であったりすることに気づくことが多い。この反省を次につなげるようにしていくべきであろう。

裁判官はこう見る──書証との整合性

書証作成の経緯は尋問で聞いてもらいたい点の一つである（「裁判官はこう見る──裁判官は供述の信用性をどう見るか」〔156頁〕）。たとえば、肝心な契約書はないものの、その前後に作成され

た書面がある場合は、そのような書面が作成された経緯のみならず、なぜ肝心の契約書が作成されなかったのかをしっかり話せるかは心証に影響するであろう。

　同様に、自身の主張するストーリーに整合しにくい書面（または書面の一部にそのような記載）がある場合、同書面が作成された理由を話せるかがポイントとなる。

　主尋問ではこのような不利な点にふれない戦略もあると思われる。事案によるため一概にはいえないが、裁判官としては、基本的には、まずは主尋問で言い分を聞いてもらった方が理解しやすいとはいえる。

裁判官はこう見る──不利な供述のフォロー
　自己に不利な供述はそのまま認定に使われやすいので注意が必要である。本人だけでなく自身側の証人が不利に述べた場合も同様である。

　そのため、主尋問でこのような発言があった際には、適切なフォローが必要となる。ただし、回答を修正しようとするあまり誘導質問となりがちなので注意が必要である。

裁判官はこう見る──具体的発言、行為の重要性
　たとえば「この点は被告に念押しして何度も言いました」と供述されても、具体的にいつどのように説明をし、これに対して被告はどのような発言、態度をとったのか、さらには被告が態度を翻したのはいつで、それに対して原告はどのような対応をとったのかなど疑問が残る。準備書面には必ずしも現れない具体的な発言、行為こそ尋問で聞きたい部分である。もちろんメリハリは必要であるものの、このような細部を述べることで供述の信用性が増すといえる。

裁判官はこう見る──判決に使える表現を心掛ける

　判決の事実認定は、原則として評価を含まない客観的事実が必要であり、この点は準備書面でも心掛けることであった（「裁判官はこう見る──よくない訴状の例（4）」〔54頁〕）。

　尋問も同様で、回数、期間、頻度等があいまいな供述はそのまま判決の認定事実に使えない。たとえば「大分あとになってから言われました」と供述されれば、どれくらい後かを追加質問すべきである。その際に「どれくらい後ですか？」と聞いても答えられないことが多いので、「1か月以上経ってからですか」「○○のできごとより後ですか」などと具体的な数値や前後関係を出して追加質問をすることが考えられる。同様に、「そのようなことは多かったと思います」との回答に対し、「月に一度程度ですか」と聞いたり、「これまでにはあまりなかったと思います」との回答に対し、「何回ありましたか／過去にはいつありましたか」などと聞くことが考えられる。もちろん、具体的な供述として残したくない発言であった場合は、あえてそれ以上聞かないこととなるであろう。

Check Point

□尋問予定時間を守ることは、尋問技術力が試されている。

□陳述書の記載順序と内容を忠実にたどるだけの尋問はせず、メリハリを付ける。

□主尋問では要件事実の立証を漏らさない。

□法廷の尋問では、陳述書で代用できない証言・供述を求めるようにする。

□尋問調書の記載に迷わないように、人の名前、固有名詞は指示し、不明確な証言・供述は、明確化を図るようにする。

IV…反対尋問

1 反対尋問の目的

ノボル弁護士の独り言

先輩は、異口同音に反対尋問は実に難しいという。厳しい反対尋問によって証人が「畏れ入りました。前の証言は間違いでした」などと白旗を掲げるようなことは滅多にないといわれている。しかし、反対尋問をしないで済ませると、依頼者から「大丈夫なのですか」と質問されることも十二分に予想される。反対尋問は、どのようにすればよいのだろうか。

反対尋問は、実に難しい。新人弁護士はもちろんであるが、かなりの経験を積んだベテラン弁護士でも、その難しさに嘆息することがしばしばである。テレビドラマにあるような、主尋問における証人の証言を完膚なきまでに覆すことに成功したなどという幸運は、滅多に訪れることがない。ほとんどの場合、「結局、あまり成果は得られなかったなあ」と落胆するのが通例といってよい。

反対尋問は、主尋問に現れたことに関連する事項しか尋問できないこと、主尋問では禁止される誘導質問（基本的に YES・NO で答えられる尋問）が許されることが特徴であるとされ、その目的としては、①主尋問の証言・供述の誤りを正すこと、②主尋問の証言・供述が不正確であることを明らかにすること、③主尋問の証言全体・供述全体の信用性をぐらつかせることにあるといわれる。しかし、主尋問における証言・供述が誤りであったことを導き出すことは至難であるから、自ずと②と③に注力することになる。その場合、主尋問の証言・供述が完全に不正確であること、証人の証言・本人の供述は完全に信用で

きないことまでを求める必要は全くない。「どうもあの証人の証言は正確ではないらしい」「あの証人の言っているあの点には信用がないかもしれない」という程度でも反対尋問としては成功であること、すなわちホームランを打つ必要はなく、シングルヒットを打てば足りることを銘記しなければならない。

Check Point

□反対尋問では、主尋問の証言・供述が不正確であること、証言・供述の信用性をぐらつかせることに注力する。

□反対尋問では、完全に不正確であること、完全に信用性がないことまで立証する必要はない。

□反対尋問では、ホームランではなく、シングルヒットを打つように心がける。

---

2 反対尋問の準備

ノボル弁護士の独り言

　反対尋問は、主尋問の終わった後に行われるから、主尋問で何が証言されるかを事前にパーフェクトに把握していなければなかなか効果的には行えないはずである。しかし、主尋問での証言内容を事前に把握することは不可能に近いといってよい。陳述書によってある程度の証言内容は予測することができるが、それにも限界がある。反対尋問の準備といっても、何をすればよいのかがわからない。弁護士は一体どういう準備をしているのだろうか。

(1)準備の重要性

　反対尋問のための周到な準備は、極めて困難であるといわれる。「相手方申請の証人は、相手方の弁護士との間で、『こんな質問があっ

たらこんなふうに証言しましょう』と綿密に打ち合わせているから、なかなかこちらに有利な証言は得られないのですよ」「相手方本人は、利害が真っ向から対立していますから、こちらに有利な供述をするはずはないのですがね」などという弁護士がいる。特に、本人尋問に対する反対尋問については、「相手方本人は隅々の事項についてまで準備万端で弁護士の質問に対応してきますから、これを突き崩すのは至難の業ですよ」などという。

しかし、本当にそうだろうか。反対尋問が上手といわれている弁護士に聞くと、「反対尋問ほど面白いものはない。反対尋問で敵性証人の証言をぐらつかせたとき、特にしどろもどろにさせて最後は沈黙させたようなときは、弁護士冥利に尽きる」という。その弁護士に聞くと、反対尋問についての準備が実に周到なのである。

なお、現在の実務では、証拠調べは集中的に行うこととなっているから、主尋問のみで終わりにして反対尋問は次回期日に回すということはほとんど行われない。過去には、「主尋問がだいぶ長いものとなりましたから、尋問調書を検討した上で次回に反対尋問を行いたいと思います」などということがあったが、現在では、裁判官が主尋問が終わるやいなや「それでは反対尋問をどうぞ。予定時間は○○分です」と言い放つのが例である。

（2）準備の方法

反対尋問の準備は、弁護士によって様々ではあるが、少なくとも次のようなことを行っているようである。

①これまでの双方の訴状、答弁書、準備書面を再熟読し、要件事実と当該証人から聞き出す事項の範囲をしっかりと把握する。

反対尋問は何のために行うかといえば、訴訟で勝訴するためであり、そのことは自らが証明責任を負う要件事実の証明に役立つためである。そうであれば、当該事件における自己の主張の要件事実をしっかりと把握しておくことが必須であるはずである。人によっては、ブロックダイアグラムを作成しておくという。そして、当該の証人や本人から

どのような要件事実を証明する事実を聞き出すかをしっかりと理解しておくことが必要である。裁判官は、原告・被告の主張の整理が終わってから人証の採否を決定するが、判決をすることに備え、この証人からはこの要件事実を、この本人からはこの要件事実を証明してもらおうとの考えをもって、尋問に臨んでいることを忘れてはならない。

　②「時系列表」や「相関図」を作成して事実関係や人間関係をしっかりと把握する。

　複雑な事実経過をたどっている事件、登場人物が多数に上る事件については、時系列表や相関図を作成して、事実の流れや多数人の人間関係を整理し、頭にたたき込んでおくことが求められる。尋問に際して「あの事実とあの事実は、どっちが先だっけ」「あの人と証人とはどういう関係にあったっけ」などとうろたえていては、効果的な反対尋問はできない。なお、時系列表や相関図は、尋問をする弁護士が自ら作成することが勧められる。他人の作成した時系列表や相関図は、解読に時間がかかることがある。自ら作成すると、作成過程から頭に入ってきて好都合である。

　③書証を読み込み、整合性に疑問がある点をしっかりと把握する。

　尋問に際し、証人の記憶喚起のために書証を示すことは多用されているが、書証のアラをあらかじめ探しておくことは、極めて有効である。たとえば、契約書に貼付されている収入印紙が果たして契約日付の時点で販売されていたものかどうか、契約書に押印された印鑑が当該会社の代表印であったどうか、複数の契約書が作成されているところ、相互に矛盾した点はないか、土地登記事項証明書に不審な登記が経由されていないか、会社登記事項証明書に不審な役員登記や目的変更登記がなされてないかなどをじっくりと調査しておくのである。

　もしも不審な点があれば、どのように活用するかを考え、尋問事項も準備しておくこととなる。

　④陳述書を熟読して何を証言・供述するかを予測し、書証や他の証人の証言との矛盾点をしっかりと把握する。

前述したように、陳述書には、諸尋問における証言（供述）を予告する機能があるから、これを熟読しておくことは当然のことになる。そして、主尋問における証言・供述を予測するだけでなく、予測される証言・供述の問題点・矛盾点等を予測するのである。そのためには、漫然と陳述書のアラ探しをしてもよい成果が得られる見込みは少なく、書証との対比、他の証人の証言との対比などを行い、反対尋問事項としてまとめていく作業が必須となる。

　⑤尋問予定事項書を作成する。

　敵性証人はもちろん、中立的証人についても、反対尋問の予定事項を作成することは難しい。「いかに陳述書があるからといって、主尋問でどんな証言が飛び出すかは尋問を実施してみなければわからないから、あらかじめ反対尋問の予定事項書を作成しても、ほとんどが空振りに終わることが見えている」という弁護士がいる。

　しかし、そうであろうか。前述したように、現在の尋問では、敵性証人に関しては陳述書が事前に提出されているから、どのような証言がなされるかはおおよその予測を付けることができる。そして、書証を十分に読み込んでおけば、完璧ではないにせよ、反対尋問の予定事項書を作成することが可能となるであろう。

　そして、この反対尋問予定書は、尋問メモに代わる機能をもつことになることが大きなメリットである。すなわち、主尋問において証人の証言が出てしまい、反対尋問をする必要がない事実が出てくれば、それに関する尋問事項を消してしまい、また、主尋問を聞いていて不自然な点・不合理な点・不明確な点があれば、反対尋問予定事項書にメモをしていくのである。そのため、反対尋問予定事項書にはメモをする十分な間隔を空けておくことが必須である。また、二通りの証言が予想されるときは、Ａの証言の場合とＢの証言の場合に分けて、反対尋問予定事項を記載しておくと、効率的な尋問ができる。

　また、ある弁護士は、反対尋問事項を１枚のカードごとに記載しておき、主尋問で不要となった質問を記載したカードを除いてしまい、

残ったカードで尋問をしていくという。これも、なるほどという方法である。

　このように周到な準備することによって、効果的な反対尋問が可能となる。

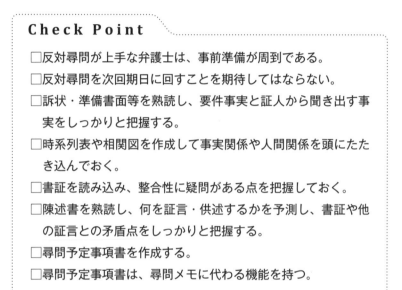

Check Point

□反対尋問が上手な弁護士は、事前準備が周到である。
□反対尋問を次回期日に回すことを期待してはならない。
□訴状・準備書面等を熟読し、要件事実と証人から聞き出す事実をしっかりと把握する。
□時系列表や相関図を作成して事実関係や人間関係を頭にたたき込んでおく。
□書証を読み込み、整合性に疑問がある点を把握しておく。
□陳述書を熟読し、何を証言・供述するかを予測し、書証や他の証言との矛盾点をしっかりと把握する。
□尋問予定事項書を作成する。
□尋問予定事項書は、尋問メモに代わる機能を持つ。

3　反対尋問の要否

ノボル弁護士の独り言

　反対尋問は、主尋問が終わったら必ずしなければならないのだろうか。依頼者は、反対尋問をしないでおくと、不安に感じて大丈夫かと質問してくる。しかし、反対尋問を行って墓穴を掘ったという失敗談もよく聞かれる。反対尋問はどういう場合に行わなくてもよいのだろうか。

　反対尋問は、必ずやらなければならないものではない。「反対尋問をしないことが最善の反対尋問である」「反対尋問をするよりも、反

対証人を立てた方がよい」などといわれることもある。当該事件の勝訴が見通せており、当該証人の反対尋問をしても結果に何らの影響もない場合、主尋問の証言がほとんど訴訟の帰趨に影響しなかった場合、反論材料がない場合等は、反対尋問を行わない場合であろう。主尋問が完璧なリハーサルの下になされ、それがあまりに平板なものであった場合、「証人は主尋問で実にすらすら証言されましたが、リハーサルは何時間しましたか」とだけ聞いて終わりにすることもあるかもしれない。

　これに対し、反対尋問を法廷に来ている依頼者向けのパフォーマンスと位置づけ、証人に対して大声で叱責したり、感情を逆なでする尋問をしたりする弁護士がかなりいる。中には、「あなた、嘘を言ってはいけませんよ！」「本当はこうだったのでしょう！」などという馬鹿げた質問をする弁護士がいる。それも、かなりの経験を積んだ弁護士に多いように思われる。こういう弁護士は、品性を疑われることになろう。ただ、依頼者が法廷にいる場合は、「うちの先生は、相手方が申請した証人がしゃべり放題なのに、何も反論してくれなかった」という不満を抱かれないようにする配慮も必要である。パフォーマンスでもいいので、若干の尋問をせざるを得ない場合があろう。もっとも、惨めな反対尋問をすると、さらに依頼者から呆れかえられる危険があるので、熟慮する必要がある。

　なお、ある裁判所の出来事であるが、「反対尋問はありません」と裁判官に申し向けたところ、その後の尋問調書に「反対尋問放棄」と記載されてしまい、それを見た依頼者から文句を言われた弁護士がいた。すべての尋問調書がそのような取り扱いをしているとは思われないが、とんでもないところに落とし穴があるから注意すべきである。

Check Point

□反対尋問は必ず行う必要はない。

□在廷する依頼者向けのパフォーマンスとしての反対尋問は、
　　　慎重に判断する。
　　□反対尋問をしないことにはとんでもない落とし穴がある。

4　敵意むき出しの証人に対する質問

ノボル弁護士の独り言

　　敵性証人や相手方本人に対する反対尋問では、敵意むき出しの証人や
　本人から罵詈雑言を浴びせられることがある。傍聴席に座って前の事件
　の尋問を聞いていたとき、敵性証人の敵意むき出しの証言に対して実に
　見事にかわしている弁護士を見たことがあるが、あのような芸当はでき
　そうにもない。一体どういうことを心がけておけばよいのだろうか。

　反対尋問をする弁護士に対して、敵意をむき出しにする証人がいる。
「あんたの質問の意味がわかりませんね」「さっきから同じことを繰り
返し質問しているように思いますね」「さっき答えたではありません
か」「そんな昔のことは忘れましたね」などというものである。
　こういう証人の扱いは難しい。相手の弁護士と事前の濃密なリハー
サルをしていることが多く、「余計なことは答えるな」との指示を守
っている背景もあるように思われる。
　しかし、このような敵意むき出しの証人をさらに興奮させることに
よって望外の証言を引き出すことに成功することもある。「あなたは
忘れたと言いますが、甲○号証の署名はあなたのものではありません
か」→「そんなのは関係ない」→「でも、甲○号証にもあなたの署名
がありますよ」というように矛盾を突きつけられると、意外にもろい
ことがある。あまりにけんか腰の証人に対しては、「私はあなたとけ
んかをしているわけではありませんよ。もう少し静かにやりません
か」ということもある。べらんめえ調に「私だって見も知らないあな
たとけんかなんかしたくもないよ。冷静にやろうじゃないか」という

ようなときもないではない。ただ、したたかな証人は、「私だってけんかしてるわけではありませんね。あんたがくだらない質問を続けるからついつい怒るんです」と続けることもあるが、ここは我慢である。「くだらない質問とは何だ」と怒鳴ってはいけない。あまりにひどい敵意に対しては、裁判官がたしなめることもあるが、「代理人、あまり興奮しないで尋問してください」などと言われたら、一本とられたことになる。なかなか難しいが、冷静さを保持するコツを体得しておくことが求められるであろう。

Check Point

□敵意むき出しの証人は、さらに興奮させると、望外の証言を引き出すことができることがある。

□敵意むき出しの証人の挑発に乗ってはいけない。

5　うまい反対尋問

ノボル弁護士の独り言

　　反対尋問で証人の前の証言をひっくり返したり、当事者本人の供述を支離滅裂にさせたら、大成功である。しかし、そのような大成功の反対尋問は、どうやればよいのだろうか。

　うまい反対尋問は、概ね次のようなものといってよい。

(1)ウラをかく尋問

　反対尋問を受ける証人・本人は、「このような質問から始まり、このように進んで行くであろう」と尋問のスジを読んでいるのが通例である。主尋問をする弁護士と懇意な関係にある証人であれば、尋問リハーサルも念の入ったものになっているから、一定のストーリーを飲み込んでいる。このような証人に対し、そのストーリーに乗った主尋

間の順に忠実に沿った質問を続けても、見事に打ち返されてしまうだけである。

どうするかといえば、証人のウラをかくのである。意表を突くといってもよい。たとえば、主尋問の途中で出た証言についてその不自然さを追及すると、その次には、主尋問の冒頭で出た証言の矛盾点について追及するといった具合にして、証人の思考回路を混乱させるのである。そのようなときに、得てしてボロが出るものである。ただし、このような尋問を行うためには、事前の準備がしっかりできていなければならない。反対尋問予定事項書の作成は必須であろう。

このウラをかく尋問を効果的に行うためには、尋問目的・尋問趣旨を明示してはならない。「次に、本件の争点である○○○についてうかがいます。あなたは、……」という前置きは、禁物である。

刑事コロンボというテレビドラマでは、冴えない外見のコロンボ刑事が、突如「ところで、ちょっとお尋ねしますけれど」と言って、意表を突く鋭い質問を浴びせるシーンが名物となっているが、法廷でもこのような職人芸の質問をする弁護士に出くわすことがある。当事者席上の書類をゴソゴソかき回し、証人も相手方弁護士も「何をやっているんだ。早く質問しなさいよ」とイライラし出したところで、「ところで、この点ですがね……」一気に核心に切り込む質問をするのである。ほとんどの弁護士は、いつかやってみたいと思っているが、なかなか実現しない名人芸である。

(2)しどろもどろにさせる尋問

証人をしどろもどろにさせたら、反対尋問は大成功である。「あなたは、先ほど○○○と証言しましたが、間違いありませんか」「間違いありません」と続いた後に「甲○号証の○頁を示しますが、そんなことはどこにも書いてありませんよ」と質問したときに、「いや、あるいは○○○であったかもしれません」と証言すると、「でも、そうだとしても、甲○号証の記載とは矛盾しませんか」とたたみかけるのである。証人は、「だいぶ前のことですから、記憶が定かではありま

せんね」とでも証言しようものなら、この証人の主尋問での証言の信用性は減殺されることになろう。

さらに、「それはどのくらいの長さだったのですか」という質問に「これくらいかなあ」と証人が手を広げたとき、すかさず、「ちょっと、そのままにしてください」といってポケットに忍ばせた巻き尺を伸ばして長さを測り、「65 センチですか」というと、「いや、もっとあったかなあ」と言いだし、さらに手を広げると、巻き尺で測ったうえ、たたみかねて「75 センチですか」と質問する。そうすると、最後は「よくわかりません」と投げやりになることがある。これで、その証人の証言はほとんど信用力を喪失したことになる。

しどろもどろにさせる尋問は、証人と言葉で言い合いをしても生まれることはほとんどない。証言と矛盾する書証を目の前に示すことでそのような結果を得ることが圧倒的に多い。尋問前に「おかしな点はないだろうか」と目を凝らせて書証を読み込むことが極めて大切なのである。また、咄嗟の機転に負うところも大きい。機転を働かせる能力は、日頃の修練で培うほかはないであろう。

（3）証人の警戒心を解く尋問

証人は、主尋問を行う弁護士から、「弁護士がいろいろ聞いてきますが、余計なことはしゃべらないでください」「反対尋問は引っかけが多いですから、くれぐれも警戒してください」などと指導されるのが常であるから、反対尋問者に対しては強い警戒心をもっている。そこで、この警戒心を解いて、反対尋問をする弁護士はたいしたことがないと思わせるのである。

ある傷害事故の後遺症で肩が上がらなくなった人に対する反対尋問の際、「今も痛いですか」「はい」「どこがどのように痛いのですか」「右肩の付け根の部分に針が指すようなズキンとする痛みがあり、腕が肩まで上がりません」「腕が肩まで上がらないことで、どのような苦労がありますか」「洋服を着るのに大変苦労します」「そうですか。それは大変ですね」と続けて証人の警戒心を解いた後、突如「昔はど

こまで上がりましたか」と質問し、「ここまでです」と腕を肩近くまで上げさせれば、最高の反対尋問である。

　なお、この戦術は、証人を激高させることでも効果を発揮する。「肩が上がらないなんて嘘をついてはいけませんよ」「失礼な。嘘なんかついてませんね」「それじゃあ昔はどこまであがったんですか」「ここまでですよ」ともっていくのである。これまた、最高の反対尋問である。

（4）外堀を埋めた尋問

　証人が後の質問に対して「先ほど言ったのは間違いでした。訂正します」とは言わせない質問である。いわばぐうの音も出ない質問である。たとえば、「甲〇号証の契約書を作成したのは、契約書に記載した日付で間違いありませんか」「はい、そうです」「印紙を貼って割り印したのもあなたですか」「はい、そうです」「印鑑は実印ですか」「はい、そうです」と進んだ後に、「おかしいですね。甲〇号証に貼ってある印紙は、契約書が作成された当時には発行されていませんが。このデザインの印紙が発行されたのは、契約書作成日付から１年後のことですが」と質問すると、証人は、全くぐうの音も出ない。

　ある弁護士は、「天地神明に誓って間違いないといえますか」と質問し、「間違いありません」との証言を引き出した後、「それでは、これはどういうことですか」と訊くのだそうである。その弁護士は、裁判官の当該証人の印象も、一気に悪くなること請け合いだといっていた。

　この外堀を埋めた質問は、証人に対して書証を見せて、確認をとったことによって成立する確率が高いといえる。したがって、尋問前に書証を十分に読み込んでおくことが極めて重要となる。

（5）一点集中的な尋問

　総花的でない一点集中の尋問は、それが見事に決まったときは効果絶大である。たとえば、交差点での出会い頭の衝突事故について運転者双方とも青信号での進入を主張している事件で、実況見分調書の現

場見取り図を詳細に分析し、当事者の指示説明の不自然な点と矛盾した点のみを徹底的に追及する尋問である。そのような尋問は、迫力があり、裁判官に聞かせる尋問となる。

逆に、運転免許はいつ取ったか、運転していた自動車は誰の所有か、運転頻度はどのくらいか、事故現場に到達する経路はどうか等は、長々聞いてもあまり意味がない。争点によっては、一点集中の尋問が効果を現すのである。

(6) 理由を問う尋問

人間は、不合理な行動はしないという経験則がある。ある行動をする場合には、それなりの理由がある。裁判官は、「通常人はそんなことはしないのに、なぜしたのだろうか」とか「通常人であれば、こう行動するはずである」という目で証人・本人を見ているといわれる。

ある老人の介護をしていた親族が、死亡前に多額の預貯金を引き出しており、それについて「贈与を受けた」と主張している事件で、引き出した預貯金の一部について詳細な使途のメモが書証として提出されていた。本人に対する反対尋問では、「こんな高額のお金をもらったのですか」「そうです」「老人は何と言ったのですか」「あなたにはずいぶん世話になったから、そのお礼も込めて預貯金の残りを全部あげるといわれました」と進んだところで、書証のメモを示し、「あなたは預金の残りを全部もらったのに、どうしてこんなに詳細な預金使途のメモを残したのですか」と質問するや、「だって預かったのですから、当然のことです」との供述が飛び出した。人は不合理なことはしないとのテーゼを信じた反対尋問である。

(7) 深追いしない尋問

鋭い反対尋問によって証人が「すみません。前の証言は記憶違いでした」とした場合に、「それでは、あなたの正しい記憶は、どのようなものですか」と深追いすると、「前の証言と思い出した記憶の違いは、一日ずれていたということです」というたいしたことのない証言を引き出してしまい、前の証言が生き返ってしまうことがある。証人

が「間違えた」ということを認めたときは、さっさと次の質問に移ってしまった方がよいことが多い。

（8）尋問予定時間を守る尋問

　人証調べを決定する際、裁判所は、主尋問○○分・反対尋問○○分・再主尋問と補充尋問5分というように、尋問予定時間を細かく決定する。民訴法182条によって集中証拠調べが義務づけられているから、ほとんどの事件では、1回の証拠調べ期日に証人と当事者質問を終えてしまうようにスケジュールが組まれるから、反対尋問に与えられる時間は、1人の証人・本人について長くて1時間以内に収めるように裁判官から指示されるのが通例である。そして、1時間はアッという間に過ぎる。弁護士の質問自体に30秒を使うと、証人・本人の証言・供述には、思い出す時間が必要な場合には最低でも30秒くらいは使う。それに書証を証言台に持って行くまでに数秒はかかるから、1つの質問についてはおおよそ1分から2分程度は使うと考えてよい。そうすると、1時間でできる質問は30から50前後が限度となる。つまり、1時間の尋問予定時間であっても、そんなに多くのことは訊けないことを知らなければならないのである。

　裁判官の中には、尋問予定時間を守ることに厳格な人もいるから、予定時間をオーバーすると、尋問を打ち切られることにもなる。残り時間が少なくなったとき、「あと5問で質問を終えますが……」として、持ち時間が少なくなっていることは知っていることを裁判官にアッピールすることも考えられてよい。

　裁判官はこう見る──反対尋問のポイント
　反対尋問で明らかに不合理な供述まで引き出せている例は多くない。実際、判決理由に記載できるほどの反対尋問は多くない。
　一般的には、否定できない（答えの予想される）前提・周辺の質問をいくつか重ねると、いつの間にか外堀が埋められており、供述の不合理性が浮き彫りとなるといったものが理想的といえるが、実

際にはどこかで逃げられてしまうことが多いであろう。

　それだけ反対尋問は難しいが、信用性を完全に否定することはできないとしても、疑念を抱かせることができれば反対尋問として十分な成果といえる。

　裁判所が気になるのは、やはり書証との整合性であるため、相手方の供述と書証との整合性をつくことはポイントとなる。相手方のストーリーに整合しない書面の存在または不存在（書面の記載内容を含む）は、反対尋問の材料となるであろう。全く書証が示されない反対尋問は物足りないことが多い。

　また、深追いをしないことは重要である。せっかく不合理性をうかがわせる供述を引き出しても、ダメ押し的に、「そうするとこの書面を作成したことはおかしくないですか」、「結局何でこの書面を作成したのですか」などと聞けば、「いや、これはこういう事情があるためです」などと弁解の機会を与えることとなる。不合理性をうかがわせる供述が引き出せても、それに対する弁解供述まで尋問で出ており、その弁解の不合理性までは指摘できないために、結局その供述部分は判決理由に使いにくい、ということがある。

　もちろん、証人・本人の性格やそれまでの回答状況から、あえて踏み込むことで決定的な供述を引き出せることもあり、これもケースバイケースであろう。

　なお、深追いをせずに尋問を終えると、どのような意図の反対尋問かが裁判官に伝わっていないか心配になると思われる。確かに、裁判官もその場では質問の意図がわからないこともあるが、尋問調書には残るわけであるし、最終準備書面で伝えることも可能である。

裁判官はこう見る──質問に正面から答えない証人・本人

　あまりに防御的となって質問に正面から答えず関係のないことを長く述べる証人・本人も少なくない。裁判官も防御的な供述を好まず、証人・本人に対し「聞かれたことだけに答えてください」と指摘をすることもある。

これによる時間超過での尋問終了を防ぐためには、たとえば、反対尋問の早めの段階で裁判官に対し、「さすがに防御的過ぎて尋問が進まないので、持ち時間を超過する可能性があるのでご理解頂きたい。また、質問に正面から答えるように裁判所からも促していただきたい」などとけん制しておくことも考えられる。時間を超過してからでは言い訳と捉えられかねないため、早めの段階で裁判官に共通意識をもってもらうことが効果的であろう。

Check Point

☐証人のウラをかく尋問（意表を突く尋問）は、周到な事前準備が必要である。

☐証人をしどろもどろにすれば、反対尋問は大成功である。

☐証人の警戒心を解く質問は、とんでもない証言を生み出す可能性がある。

☐ぐうの音も出ない外堀を埋める質問は、書証を見せて行うことでよい結果を生むことが多い。

☐総花的でない一点集中の尋問は、見事に決まったときは効果絶大である。

☐証人の取った行動について「なぜ」という質問は、予想外の答えを引き出せることがある。

☐証人が「間違えた」といったら、深追いはしない。

☐１時間の反対尋問時間は、あっという間に経過することを知らなければならない。

6　まずい反対尋問

ノボル弁護士の独り言

　　反対尋問をしたがために証人の主尋問の証言内容をいっそう強固にしてしまうことがあるといわれる。まさにオウンゴールの反対尋問である

が、ほかにも、意味のない反対尋問があるといわれる。どのような反対尋問が失敗例なのだろうか。反対尋問がうまいと言われる前に、失敗しない反対尋問を心がけたいと思うが、どうすればよいだろうか。

まずい反対尋問は、概ね次のようなものであろう。

(1) やぶ蛇の尋問

反対尋問をしたために、証人がある事実を思い出してしまい、オウンゴールとなってしまうことはたまに見受けられる。「あなたは、被告と原告が○時○分頃に言い争っていることを見たと証言しましたが、どうして時間がわかるのですか」と質問したところ、「ちょうど○時○分頃、私の携帯に電話が入りましたから、携帯の着信履歴を見ればすぐわかります。ここで見ましょうか」となり、挙げ句は「いえ、そこまでは必要ありません」となってしまうのである。

こういう尋問は、さっさと切り上げるに限る。

(2) 証人に反撃される尋問

質問がわかりにくいと、証人から「一体何を聞きたいのですか」と反撃されてしまう。そういうときにムキになって「証人は私の質問に答えればよいのです。質問するのは私です」などと言おうものなら、「弁護士さんの質問の意味がわからないから訊いているんですよ」となってしまう。こういう質問は、えてして証人を引っかけてやろうと意気込んだときに起こりやすい。また、証人に反撃されると、予定した尋問の流れが止まってしまい、次の質問が出てこないことがある。証人に逆襲されることを想定した予備の質問も用意しておけば、問題なく克服することができる。

(3) やたらに怒鳴る尋問

弁護士経験がそこそこある人に比較的多く見受けられるのが、証人、特に敵性証人を怒鳴る人である。自分の依頼者に都合が悪い話が飛び出すと、不機嫌になり、依頼者に都合がいい証言を何とか引き出そうとして怒鳴るのである。法廷に依頼者がいると、パフォーマンスのた

めにさらにヒートアップする。挙げ句には、証人のことを「君！」などと呼ぶ。

　裁判官は、こういう尋問を実に冷ややか聞いているが、「先生、証人を怒鳴るのは止めてくれませんか」など注意することは滅多にない。とっくにその弁護士の化けの皮が剝がれているためなのであろう。相手方弁護士が「先生、そんなに大きな声を出さなくても証人には聞こえていますよ」等と注意すると、「何！」と開き直って逆襲してくることもあるから、要注意である。尋問準備の時点で「相手の弁護士はパフォーマンスがキツいから、多分怒鳴ってくると思いますよ。無視してください」と注意しておくことも考えられてよいであろう。

(4) 総花的な尋問

　あらかじめ尋問事項を用意したのはよいが、導入部から始まり、間接事実、補助事実の区別もすることもなく、総花的に短い質問を平板的に続けていく尋問がある。前述したように、ボス弁の指示を受けた若い勤務弁護士のごく一部にこれをする場合がある。勤務弁護士も、ボス弁の顔色を窺っているのであろう。しかし、このやり方を長く続けても、尋問技術が向上することは期待できない。

(5) 主尋問をなぞっただけの尋問

　あまりに一所懸命に主尋問に対するメモを取り過ぎたためであろう、「証人は先ほど〇〇〇と証言されましたが、それは間違いありませんか」「証人は、主尋問で〇〇〇と証言しましたが、勘違いということはありませんか」などという質問が延々と続く。これを聞かされている主尋問をした弁護士は、「長いなあ」と思いつつも、ハラハラすることなく安心して反対尋問を聞いていることができるのである。そして、反対尋問の持ち時間を使い切ると、「やれやれ」と胸をなで下ろすことになる。こういう中身のない質問が続いているときに、しびれを切らせて「先生、それは主尋問で明確に証言していますよ。重複質問ですよ」などと注意してはいけない。相手方弁護士が墓穴をどんどん掘っているのをお節介に止める必要はない。

（6）重箱の隅をつつく質問

　反対尋問をする弁護士の性格なのであろう、実に細かい点をネチネチと質問する人がいる。尋問する側としては、「こんなに小さな事実を取り上げて尋問するからにはさぞかし緻密な弁護士なのであろう」との印象を植え付けることをもくろんでいると思われるが、その効果はそんなに大きくない。弁護士一人が悦に入っている尋問とでもいえよう。

　また、よく見かけるのが、陳述書の些細な誤記を取り上げて、長々と尋問する弁護士がいる。「あなたは、先ほど陳述書の記載に間違いがないことを確認して署名押印したと言いましたね」「はい」「それでは、2頁の○○を聞きますが、間違いではありませんか」「はい、そうですね」というと、「あなたは、間違いがないと言って署名押印しながら、間違いがあったと前言を翻しています。どっちが本当なのですか。場合によっては、偽証になりかねませんよ。どうなんですか」などというものである。尋問する弁護士は、「どうだ」という自慢気な顔をするのが常であるが、聞いている相手方弁護士は、「陳述書を起案した俺の些細なミスを取り上げて鬼の首を取ったような振る舞いだ」と苦々しく思うだけである。人間にはミスがつきものである。些細なミスには、寛大な態度で接したいものである。

（7）演説の尋問

　反対尋問をする弁護士が、自己の考えを滔々と述べて質問することがある。この類型の尋問を行うのは、それなりの経験を積んだ弁護士に多いようである。「あなたは、先ほど……と証言しましたが、私は、○○本人や……氏の証言からするとおかしいと思うのですよ。本当は、……ということではないかと思うんですが、どうですか」と長々演説をし、最後に自分の考えを押しつけるのである。こういう尋問には、裁判官から、「代理人ばかりしゃべらないで、証人にもしゃべらせてあげてくれませんか」等という嫌みが飛ぶこともある。しかし、ほとんどの場合、尋問する弁護士は馬耳東風である。

（8）しゃべり放題を放置する尋問

　証人の中には、聞いてもいないことを長々としゃべる人がある。特に、ある行動をとった理由について長々と弁解する傾向がある、それをいつまでも「そうですか」「なるほど、なるほど」と頷いて聞いている弁護士もいるが、前述したどんでん返しの尋問の前ぶりであればともかく、一定の時間が経過したところで「はい、結構ですよ」といって切らなければならない。打ち切りに対して、たまに「異議あり」「証人が証言しているのですから、最後まで話をさせるべきです」などという弁護士もいるが、持ち時間消化を狙っているか、リハーサルの成果を披露させてあげたいというパフォーマンスであることが多く、取り合う必要はない。

Ｃｈｅｃｋ Ｐｏｉｎｔ

□やぶ蛇の尋問をしたら、さっさと切り上げる。

□意気込んで質問をしていくと、証人に逆襲される。

□証人を怒鳴る弁護士は、底の浅さが見えている。

□総花的な尋問を長くやり続けても、尋問技術は向上しない。

□主尋問をなぞっただけの反対尋問は、相手の弁護士を安心させるだけである。

□重箱の隅をつつく尋問は、その弁護士だけが悦に入っているものである。

□陳述書のわずかな誤記をネチネチと質問しない。

□長々とした演説の末に尋問しても、裁判官にはほとんど響かない。

□しゃべり放題の証人は、切りのいいところで止めなければならない。

7 反対尋問技術の習得

ノボル弁護士の独り言

うまい反対尋問は、場数を踏んで体で覚えるほかないとか、周到な準備が反対尋問技術を向上させるとかいわれる。反対尋問の技術は、どのようにして習得するべきなのだろうか。

反対尋問技術は、上記のうまい反対尋問ができるスキルを身につけることであるが、一朝一夕にはいかないことは繰り返し述べたところである。ただ、少なくとも、次のような修養は積むべきであろう。

(1)尋問経験を積むこと

技術を身につけるためには経験を積むことが第一歩であることは、弁護士のみならず、あらゆる職人に共通している。訴訟事件は、和解による解決がかなりの割合であるから、すべての事件について証人・本人尋問がなされるわけではないが、それでも、ほとんどの訴訟弁護士は、尋問体験があるはずである。その場合に、技術に関係しない部分である事前の準備をしっかりしておくこと、尋問を終えた後に失敗があればその原因を分析し、どうすれば克服できるかを検討しておくことは、誰でもできるはずである。このような地道な努力が尋問技術の向上に大いに役立つものである。名匠といわれる職人が、毎日の地道な努力が現在の技術を形成したと述懐している姿をご覧になった方も多いと思われる。

そして、上記のような日頃の努力のほかに、他人の尋問を見聞することも大いに役立つはずである。ある弁護士は、自分の事件の開廷時間の少し前に法廷に行き、前の事件で行われている尋問を傍聴席から見聞するようにしているという。そこでは、2人の弁護士の尋問技術を見ることができ、下手な尋問も、反面教師として十分に意味があると述べている。

なお、民事尋問技術に関する書籍も、現在数点が刊行されており、これを読んで、自分に合った技術を取り入れるようにすることもでき

る。

（2）幅広い知識を身につけること

　民事訴訟事件は、人間社会の様々な紛争を取り扱うものであるから、法律の知識だけでなく、幅広い社会の知識が必要になるのであるが、そのことは、反対尋問の際に特に痛感させられる。専門的事件のみならず、一般の事件についても、幅広い社会の知識、いわば雑学の知識が役立つことが多い。そのような知識に裏付けられた尋問は、幅と奥行きを増し、証人・本人に対しては、「あの弁護士はなかなかの切れ者だ」という印象を強く与えることになる。

（3）失敗事例に学ぶこと

　あざやかな反対尋問の成功体験は、そんなに多くはない。「俺は、こうやって反対尋問で勝訴を勝ち取った」などと聞いても、直ちに自らの尋問に取り入れられるものではないし、誇張が入った自慢話であることも多い。しかし、「私は、こうやって失敗してしまったわ」という話は、誰もが身につまされ、自分はその轍を踏むまいと思うはずである。失敗は、はずかしいものであるから、なかなか口外されることがないが、同期の会合、弁護士会の委員会の会合などに積極的に参加し、情報収集に努めるべきであろう。

（4）性善説を捨てること

　反対尋問の技術を磨くためには、主尋問における証言について「なるほど、もっともだ」「そういうことだったのか」などと感心したり納得したりしていては到底身につかない。「なぜそんなことをしたのだろうか」「言っていることが矛盾していて、おかしいぞ」「そんなことがあるはずないではないか」などという懐疑の目で見なければならない。さらに言えば、反対尋問では、「アラを探すぞ」「揚げ足をとってやろう」「ドッキリさせてやろう」などという意地悪な目線が必要なのである。その意味では、人は誰もが善行をするというような性善説に立っていては、反対尋問そのものができない。性善説を捨てることから始める必要があるのである。

裁判官はこう見る──再主尋問、再反対尋問？

　再主尋問は反対尋問で崩された点をリカバーする意味がある。反対尋問にあまり崩されていない場合には行う必要はないであろう。

　これに対し、再反対尋問は当然に行うことはできない。民事訴訟規則では、再主尋問までは規定されているが、その先は「裁判長の許可を得て、更に尋問をすることができる」とされている（同113条2項）。ときにこの点の認識がない代理人と裁判所とで食い違いが起こるため、規則は認識しておく必要がある。

裁判官はこう見る──補充尋問

　補充尋問で何を聞くかは裁判官によるものの、判決を書くにあたって必要な点（足りない点、弾劾しておきたい点）を聞くことが一般的といえる。そのため、補充尋問を聞けば裁判官の心証がわかることも多い。

　もっとも、実際上は、必ずしも判決に必要でないが、尋問中に疑問が生じた点を聞くこともあり、一概に補充尋問から心証がわかるとはいえない（合議事件の裁判長がなぜその点を聞いたか、陪席にはわからないこともある）。なお、補充尋問の前提が誤っている場合の当事者側対応は難しいが、明確に誤っているのであればその場で指摘をすべきであろうし、丁寧に指摘をすれば裁判官も受け入れるのではないかと思われる。裁判官によっては、「ではその点について少し代理人から尋問してください」として補充尋問の後に質問が行われることもある。

Check Point

☐ 技術を身につけるためには経験を積むほかないが、これは、弁護士だけでなくあらゆる職人に共通する。

□日々の地道な努力が優れた技術を形成する。
□早めに法廷に行き、別事件における他人の尋問を見分する。
□雑学の知識は、尋問に幅と奥行きを与える。
□失敗事件に学ぶことは多いから、幅広く会合などに顔を出す。
□性善説に立っていたのでは、有効な反対尋問は生まれない。

◀ コラム ▶ 尋問上達のコツ

　尋問をしていて、質問と答えが噛み合わないとか、期待した答え
が返ってこない経験は誰にでもあるだろう。反対尋問ならともかく、
自分の依頼者に対する主尋問でも「こういう風に答えて欲しいのに、
なぜか違う答えをされてしまう」ということがある。どうしたらこ
れをなくせるか。言い換えると、適切な答えをもらえる質問（＝よ
い質問）をするにはどうしたらよいのだろうか。

　尋問上達のためには「練習をすること」「尋問調書を読むこと」
がよいとされるが、もう一つ、最も勉強になるのは「尋問を受ける
経験をすること」だと思う。

　尋問をする側の弁護士は、事件の全体像を理解しているし、その
尋問で何を立証したいかがわかっているから、「この質問に対して
は当然この答えが来るはず」と思い込んでしまう。この思い込みが
「よくない質問」の原因となることが多い。そこで、まずは「こう
答えるはず」という思い込みを捨てて、質問を受ける相手の立場で、
質問自体をシンプルに検討することが必要になる。

　最近では、ロースクール等で模擬裁判を経験する機会も増えたが、
そこでは尋問を受ける者も「当事者チーム」の一員として尋問内容
の検討に加わった上で尋問を受けるというケースが多いだろう。そ
の場合は、事件の全体像も、質問の意図も十分に承知しているので、
主尋問では「何を答えればいいか」、反対尋問では「何を答えては

いけないか」がわかってしまうので、質問の良し悪しを判断しにくい。

他方、同じ模擬裁判でも「証人役」をやる場合は、必ずしもあらかじめ質問者の意図がわかるわけではない。背景を知らずに質問だけを見るので、質問の良し悪しがよくわかるのである。

弁護士が実際の裁判で尋問を受ける機会は多くないだろうが、たとえばロースクール生や修習生の模擬裁判に証人役で参加するなどの機会があれば、ぜひ積極的な参加をお勧めする。一般的に悪い例とされる「長い質問」がどのくらい答えづらいのか、一度身をもって体験してみるとよい。次回からは絶対にやらないようになるだろう。　　　　　　　　　　　　　　　　　　　　　　　［岸本史子］

［髙中正彦］

事項索引

判例索引

【著　者】

高中正彦（たかなか・まさひこ）／弁護士（高中法律事務所）
早稲田大学法学部卒業。昭和 54 年弁護士登録（第 31 期）。
『弁護士法概説〔第 5 版〕』（三省堂、2020 年）、『法曹倫理』（民事法研究会、2013 年）、『判例弁護過誤』（弘文堂、2011 年）など。
※第 3 章、コラム執筆

加戸茂樹（かと・しげき）／弁護士（四谷東法律事務所）
中央大学法学部卒業。平成 6 年弁護士登録（46 期）。
『労働法務のチェックポイント（実務の技法シリーズ 7）』（共著、弘文堂、2020 年）、『条解弁護士法〔第 4 版〕』（執筆参加、弘文堂、2007 年）、『交通事故事件処理マニュアル〔補訂版〕』（共著、新日本法規、2017 年）など。
※第 1 章 I～III、コラム執筆

市川　充（いちかわ・みつる）／弁護士（リソルテ総合法律事務所）
1960 年生まれ。東京大学法学部卒業。1995 年弁護士登録（第 47 期）。
『弁護士の失敗学』（共著、ぎょうせい・2014 年）など。
※第 1 章 VI、コラム執筆

岸本史子（きしもと・ふみこ）／弁護士（あずさ総合法律事務所）
早稲田大学大学院法学研究科公法学専攻修了。2000 年弁護士登録（第 52 期）。
『弁護士の失敗学』（分担執筆、ぎょうせい・2014 年）など。
※コラム執筆

安藤知史（あんどう・さとし）／弁護士（大西昭一郎法律事務所）
早稲田大学法学部卒業。2001 年弁護士登録（第 54 期）。
『会社法務のチェックポイント（実務の技法シリーズ 1）』（共編著、弘文堂、2019 年）、『担当部門別・会社役員の法務必携』（共編著、清文社、2007 年）など。
※第 2 章、コラム執筆

吉川　愛（よしかわ・あい）／弁護士（赤坂見附総合法律会計事務所）
慶應義塾大学法学部卒業。平成 16 年弁護士登録（57 期）
『こんなところでつまずかない！　弁護士 21 のルール』（共著、第一法規、2015 年）、『こんなところでつまずかない！　労働事件 21 のルール』（共著、第一法規、2019 年）など。
※第 1 章 IV～V、コラム執筆

寺内康介（てらうち・こうすけ）／弁護士（骨董通り法律事務所）
一橋大学法科大学院修了。平成 23 年裁判官任官（第 63 期）。さいたま地裁、東京地裁などを経て、令和 2 年弁護士登録。
『エンタテイメント法実務』（共著、弘文堂、2021 年）など。
※「裁判官はこう見る」執筆

【著　者】

髙中　正彦　　弁護士（髙中法律事務所）

加戸　茂樹　　弁護士（四谷東法律事務所）

市川　充　　　弁護士（リソルテ総合法律事務所）

岸本　史子　　弁護士（あずさ総合法律事務所）

安藤　知史　　弁護士（大西昭一郎法律事務所）

吉川　愛　　　弁護士（赤坂見附総合法律会計事務所）

寺内　康介　　弁護士（骨董通り法律事務所）

裁判書類作成・尋問技術のチェックポイント
【実務の技法シリーズ 9】

2022（令和 4）年 2 月 15 日　　初版 1 刷発行

著　者　髙中正彦・加戸茂樹・市川充・岸本史子・
　　　　安藤知史・吉川愛・寺内康介

発行者　鯉渕　友南

発行所　株式会社　弘文堂　　101-0062 東京都千代田区神田駿河台 1 の 7
　　　　　　　　　　　　　　TEL 03（3294）4801　振替 00120-6-53909
　　　　　　　　　　　　　　https://www.koubundou.co.jp

装　丁　青山修作

印　刷　三陽社

製　本　井上製本所

ISBN 978-4-335-31390-5

━━━実務の技法シリーズ━━━

〈OJTの機会に恵まれない新人弁護士に「兄弁」「姉弁」がこっそり教える実務技能〉を追体験できる、紛争類型別の法律実務入門シリーズ。未経験であったり慣れない分野で事件の受任をする際に何が「勘所」なのかを簡潔に確認でき、また、深く争点を掘り下げる際に何を参照すればよいのかを効率的に調べる端緒として、実務処理の「道標（チェックポイント）」となることをめざしています。

☑ 【ケース】と【対話】で思考の流れをイメージできる
☑ 【チェックリスト】で「落とし穴」への備えは万全
☑ 簡潔かつポイントを押さえた、チェックリスト対応の【解説】
☑ 一歩先へと進むための【ブックガイド】と【コラム】

※表示価格（税別）は2021年12月現在のものです。